燧人氏
—— SUI REN SHI ——

为你钻取
智慧之火
Get the fire of wisdom for you

素人氏 人文智慧译丛

哲学有何用

〔英〕玛丽·米奇利　著

汪夏铭　魏岚　译

SPM
南方出版传媒
广东人民出版社
·广州·

图书在版编目（CIP）数据

哲学有何用 /（英）玛丽·米奇利著；汪夏铭，魏岚译 . —广州：广东人民出版社，2019.8

ISBN 978-7-218-13707-0

Ⅰ.①哲… Ⅱ.①玛… ②汪… ③魏… Ⅲ.①哲学—研究 Ⅳ.①B

中国版本图书馆 CIP 数据核字（2019）第 140037 号

ZHEXUE YOUHEYONG

哲 学 有 何 用

（英）玛丽·米奇利 著 汪夏铭 魏岚 译

出 版 人：肖风华

选题策划：钟永宁 汪 泉
责任编辑：汪 泉
文字编辑：刘飞桐 于承州
装帧设计：八牛工作室
插 图：小 五
责任技编：周 杰

出版发行：广东人民出版社
地 址：广州市大沙头四马路10号（邮政编码：510102）
电 话：（020）83798714（总编室）
传 真：（020）83780199
网 址：http://www.gdpph.com
印 刷：广东信源彩色印务有限公司
开 本：889毫米×1230毫米 1/32
印 张：6.375 字 数：80千
版 次：2019年8月第1版 2019年8月第1次印刷
定 价：45.00元

如发现印装质量问题，影响阅读，请与出版社（020-83795749）联系调换。
售书热线：（020）83795240

目　录

　　　　　　我们的脑海里都储存着很多碎片，不系统、不完整、不能解释我们想要解决的问题；每个人都试图将这些碎片拼贴在一起，形成一幅完整的图案，以便解释各类终极问题，这就是哲学的使命。

第一部分

寻找线索

我们的脑海里都储存着很多碎片，不系统、不完整、不能解释我们想要解决的问题；每个人都试图将这些碎片拼贴在一起，形成一幅完整的图案，以便解释各类终极问题，这就是哲学的使命。

第一章 引论

哲学的目的是什么？哲学讨论的对象是什么？我们正在努力做的是什么？

我们既不是一无所有，从头开始，也不是将各种观点一览而过。如今有些观点模糊混乱，让人费解。人们一直在寻找可以帮助我们解释这些观点的因素，比如事物之间的联系和背景。有些观点在曲折中发展，零零散散但又不失公正，人们需将其归纳为一种模式——一种可以解释一切的模式。随着时间的推移，这种模式趋于完善，我们有望称之为哲学。

但事实并非总是如此。

有时，我们想拼好一幅复杂的拼图，但这幅拼图中却混有取自不同拼图的零片；有时我们还想给各种各样的构想塑造同一种形状。的确，人类一直在做这些事情，因为人类从一开始就有意识。人类的脑海中一直有一些不完整的世界图像以及各种框架，这些框架中附加着零碎的经验碎片以及各类学科，如地质学、历史、数学、天文学等等。但这些框架不是自发地融合在一起，而是通过不同的渠道，或不同的社会团体相结合。每个社会团体有自己的思维框架，这些团体在我们看来也许很陌生，甚至彼此怀有敌意。

由此看来，即便现代物理学理论最初的发展离不开一群虔诚的教徒，但是，当代物理学家也许即便绞尽脑汁，也不知道到底要将其他人的宗教信仰安放于何处……此外，出于选择的需要，即使在我们自己的宗教或科学分支领域内，也要面临再次分裂。的确，一开始让人类产生质疑的点也是当代人争论之所在，要解释这个问题，只有两种解决方法。科学家的任务是发现（Discovery），这是普遍共识。我们正致力于新发现，即唯一的最终的答案。

探索量子

从两个角度解释量子理论而产生的分歧一直是量子理论的难点。从波的角度解释，还是从粒子的角度解释呢？哪种角度更好呢？要回答这个问题并不简单。科学家要经过大量计算，再从中做出选择。回答这个问题不只是选一种科学家偏爱的解释，更是要构建宏观背景，即世界图像。

即便是再普通不过的问题，也会涉及构建宏观背景。比如：地球是平的还是圆的？现在我们都知道地球是圆的，但是人类光凭肉眼是看不出来的。如果接受了地球是圆的这个说法，我们就会不断地引申问题，比如地球为什么是圆的？如此一来，要回答这个问题就要解释宇宙其他部分的性质及地位和大自然的性质及地位。我们不能孤立地看待这些问题，也不能只是在当代争论者提出的两个方法中选一个。相反，科学家研究的是地球作为一个整体的性质。地球是一个多元化星球，这里有花鸟虫鱼、人类，还有神秘的地核。人类不仅仅是中立的观察者，从旁观者的角度提出问题，更是与地球息息相关的生命，因为人类也是地球家园的一部分。尤其是现在，我们要从整体出发，在这幅巨大的生命地图上，将科学建议安放在正确的位置。

新发现叠加新发现，这种固定的发展顺序是科学的发展模式。相反，哲学的发展脉络不是一条直线。哲学要应对不可预测的事件，应对生活模式改变而引起的不同程度的紧急事态。

我们不用哲学解决有固定模式的问题。哲学为我们提供了独特的思维方式，这对我们不断探索千变万化的世界有极大帮助。世界，包括人类自身一直处于发展变化之中，因此，哲学永无止境。哲学的目的就是帮人类渡过当下难关。哲学与科学不是竞争关系，现实中的主流观点也与这一观点相契合。哲学的目的就是构建能够更好地将各种观点，包括科学观点联系起来的思维方式。这种思维方式联结各门科学，也将科学与其他生命联系起来。那么，若观点要与时俱进，是不是也要一直进行改造呢？

第二章　思想会过时吗

抛舍过去

有段时间，我开始思考这样一个问题：思想会过时吗？那时，我听说，在某些大学，除了近二十年的哲学著作，以往的哲学著作都不作为教学内容。当然，传闻真假难辨，但可以明确的是，这种现象或多或少是存在的。听说在美国，汽车保险杠贴纸上面写着：向哲学史说"不"。普林斯顿大学吉尔伯特·哈曼[①]教授的办公室门外贴着一份告知，对此现象作出回应。而且，"哲学史"这个专有名词，含义已发生改变。现在，"哲学史"指的不只是从历史的角度研究哲学，还指老一辈哲学家研究的哲学。哈曼认为，就不该读这些标语，也不必把标语当真。牛津大学也流传着类似的言论。剑桥大学的朋友告诉我，剑桥的情况还没有那么严峻，但是仍让人忧心忡忡。最近，一个学生告诉我朋友，整个研究

[①]　吉尔伯特·哈曼（1938—）是美国著名哲学家。译者注（本书注释均为译者注）。

生生涯，他都没有读过亚里士多德、笛卡尔或者康德。友人叹息："真是心碎了。"

我也心碎了。但是我们要知道为什么心碎，也要知道那些导致这种变化的人，他们有何居心？他们对意识的工作机制有新论断了吗？他们是否也对研究数学的历史，或历史学的历史抱有敌意？在这些人看来，"辉格党历史"是否是无足轻重的研究？"辉格党历史"指的是一种自我陶醉式的研究，其含义是：过去是为了灿烂的现在所做的准备。这一观点在1688年"光荣革命"后突然流行开来。

对上述观点感到惊讶的同时，我回忆起撒切尔夫人当政时（1975-1990）发生的一些事情，那时，削减风暴①首次席卷伦敦的大学。政府郑重地通知校方，要节省开支。校方认为，最快的办法就是停办几门学科。这样做就能让校方免于与强硬的政府陷于尴尬对立的局面。当时，"卓越研究中心"这一说法正流行，停办几门学科也可以与"卓越研究中心"的神秘性相契合。"卓越研究中心"应该建在实力雄厚的大学，因为，在这些大学，某些学科的研究已经相当完善，不需要其他科系予以协助。理

---

① "削减风暴"指的是撒切尔夫人上台之后为了减少通货膨胀实行紧缩政策。

想的状态应该是这样的：在英国，所有物理学研究集中在曼彻斯特大学，所有经济学研究集中在伦敦政治经济学院，所有哲学研究（如果仍有必要）集中在牛津大学。

哲学已没落？

哲学已没落的说法已成势头。哲学系规模小，确有一些大学已停办哲学系。英国有八所大学停办哲学系（纽卡斯尔大学于1986年停办哲学系，此外，冶金学和所有斯堪的纳维亚语言学科一同停办）。哲学系接二连三终止教学，这未免有些过分。令人惊讶的是，没有人站出来批评停办哲学系不符合常理。没有人声援哲学这门学科，指出它非常重要，有必要在大学开设课程；从某种意义上说，如果停办哲学系，大学就不能称之为大学。我将在本书阐释这句话的意义。

心中怒火难以平息，我给很多当时声名显赫的哲学家写信，敦促他们："做点什么吧，给《泰晤士报》写信吧（当时确实有人这么做了）。让大家知道哲学的重要性。"但是，没有多少人响应。只有一个人，那就是阿尔弗雷德·艾耶尔①。他有一本书，名叫《语言、真

---

① 阿尔弗雷德·艾耶尔（1910年10月29日－1989年6月27日），英国哲学家，因1936年出版的《语言、真理与逻辑》而闻名于世。

理与逻辑》，书中劝告广大知识分子，哲学只是浪费时间而已。还有两封回信让我瞠目结舌，我没留着这两封信，因为我非常生气，但是，我还清楚地记得信中内容。

第一封信来自牛津大学著名哲学家迈克尔·达米特[①]。他直截了当地告诉我，保留过时迂腐的学科才是错误的。他认为，哲学是一门严肃且高度专业化的学科，哲学只能在适合哲学本身的高度进行研究。用非专业方法研究哲学就是做无用功，甚至会产生消极影响。达米特所说的"合适的高度"显然来自他之前写过的文章，其中有一段很著名的话，说的是随着"现代哲学研究的逻辑和分析体系"的崛起，"哲学研究的对象"得以最终确立。分析对象就是分析思维结构，因而，唯一正确的方法就是分析语言。如我所料，他认为语言学分析对技术的追求越来越多——更像核物理学研究——只有经过专业训练的人才能胜任。

第二封信同样来自牛津大学——这封信更是火上浇油，因为它来自一位我非常看好的哲学家——彼得·斯特

[①] 迈克尔·达米特是20世纪英国最著名的哲学家之一，他的主要贡献在分析哲学、数学哲学、语言哲学和逻辑哲学等领域。他是20世纪反实在论和数学哲学中直觉主义的主要代表人物。

劳森①。他的观点着实跑题太远。斯特劳森说他不同意我的观点。我的观点是：哲学关乎社会发展，所以哲学应该得到重视。斯特劳森认为，这就是在贬低哲学：发展哲学是为了哲学本身，重视哲学也是为了哲学本身……他好像没有理解，我的观点并非围绕哲学本身的价值，而是现在谁会得到研究哲学的机会这种有实际意义的问题。牛津真是够了。

目的

这两封信引出了一个很重要的问题：哲学的目的、意义或研究对象到底是什么？实际上我们正在努力做的是什么？脑中灵光一现，我想起苏格拉底曾说过，思维懒惰威胁人类生存，但他并未提到没有反省的思考或未经细究的言语同样后患无穷。苏格拉底在最后一场演讲中为性命辩护，在最后一段，他告诫人们，不知反省的生命不值一活（anexetastos bios）。从整体审视生命、理解生命，为人生答疑解惑，化解矛盾，一直以来，这就是传统哲学的主要任务。只是近年来，一种异于传统哲学研究的模式流行起来。这种模式仿照物理学研究，有人尊称这种模式为

---

① 彼得·弗雷德里克·斯特劳森爵士（1919–2006）英国哲学家，语言哲学牛津学派代表人物。

研究（Research）。

　　在物理学研究领域，科学家通过实验有所发现，接着又有所发现，科学上的进步有时可以看做是一连串事实的简单堆积。人们单纯地以为这样就能笑到最后，开辟光明前景，拿到德高望重的诺贝尔奖。在这个过程中，我们跨过的障碍仅仅是流逝的兴趣。与科学研究无关的东西就会被丢弃。很多物理学家对以往的物理发现不大感兴趣。物理学家总是着眼于下一项发现，这样他们就能在最新期刊上发表独家发现，做"尖端（cutting-edge）"弄潮儿，"尖端"这个隐喻真是有趣。科学家脑中的研究是如何"切割（cutting）"的呢？或许，像雕塑、手术抑或是屠宰？无论如何，这样看来，科学的目标可真的是惨不忍睹——抛弃一切无关的因素，抹去肮脏的、遮挡视线、阻碍人类打到猎物的污渍。这当然算不上创造性发现。创造性的发现指的是理解世界的新方法。

　　若想知道如何用哲学解决问题，那么花一点时间向真正的哲学家请教绝对不亏，比如柏拉图、亚里士多德、马尔克·奥列里乌斯、霍布斯、休谟、尼采、威廉·詹姆斯，因为这是他们的专业。而且，用哲学解决问题的脚步永不停滞。首先，哲学可以化解分歧，即人类生活的分歧，它就像是岛屿与大陆之间的距离，永远存在。人与人的误解总有现实理由，观点不同也会轻易扰乱理智，比如理性与感性、宿命论与自由意志之间的逻辑分歧。因此，人类永远需要工程哲学①（philosophical engineering）。

---

① 工程哲学是改变世界的哲学，主要是探索人们怎么去把握和处理好什么不能做、什么能做和应该怎样做的问题。

第三章 什么是研究

大脑分区

人们常认为，创立新方法显然就是：对特定问题以专业角度进行研究，从而产生与以往不同的想法，而研究特定问题是物理学的核心。但是，事实上，物理学与哲学必须一直相互协作。科学家，尤其是物理学家常提出哲学问题，比如："这是物质还是力？""那算原因还是影响？"等等。要解答这些问题，要发展科学，就要消除科学与哲学之间的鸿沟，架起两者间的桥梁。科学也常要求在现有问题的基础上深入研究。这都是常有的事。

可是，随着研究与专业化模式的联系越来越紧密，我们却忘记了研究也要与宏观世界相联系。因此，司空见惯的是，人们以牺牲宏观框架为代价，经常让左脑选择左脑擅长的或喜欢的活动，这也可以用来解释为什么整体要居于首要地位。

令人担忧的是，现在，这种狭隘式研究成为大学的主要研究工作，远远超过了教学地位。传道授业只是被当作向下一代传授前人所得成果的一条途径。人们好像忘了，我们正是通过教学来学习（docendo discimus[1]）。现在，有些著名学者的名字会出现在某些课程的公告上，但他们只是偶尔来开个讲座。他们将解释实质性问题的任务留给操劳过度的研究生。也许这些学生最终能从解释实质性问题的过程中得出更深刻的见解。也许，在他们找到了下一个震惊世界的大发现，成为创新思想家之后，便停止对实质的探索与解释。这可不是创新课堂的意义所在。

这真是令人担忧，因为专业化程度越高，对研究项目的期待值越会降低，提问的意愿越会缩水，就像金矿逐渐缩成了兔子洞那样。偶尔有人会问我正在做什么课题，我说，我什么课题也没做，因为我做的肯定不是什么静态的采矿工作。假设我随波逐流（如柏拉图所讲），最后我可能会到达一个离起点相距甚远的领域。事实上，论据这种东西，与其说像金块，倒不如说像只兔了，因为我们永远别指望论据保持静止状态。

科学也会改变方向

如今，在科学领域，可预测的直线型发展进程确实

---

① 这是一句拉丁谚语。

时有出现，也能在很长一段时间内不会被推翻。但是，即便在自然科学领域，这种进程不能涵盖所有情况。只有在特定模式下，这种进程会顺利进行，比如一次规划好的旅行，不出意外的话，就是从A地到B地，或者到其他地方，即便从A地到Z地的路线也同样在计划之中。然而，即使在科学领域，这种发展模式也不会一帆风顺。下一个重大发现经常会出现在意想不到的地方，偏离预期路线。像哥白尼、爱因斯坦、法拉第或达尔文这样的科学怪才，他们提出的想法立刻开辟了新方向，让人们从不同的角度审视整个学科。我们需要做的是寻找新问题，而不是为旧问题给出不一样的答案。以上可以解释，为什么我们继续注意到新问题的发展进程。现在正统观念之所以没被推翻，是因为正统观念还没有到走到末路，如果我们不了解，就无法正确对待现在的正统观念。

2015年出现了一个有趣的例子为这种连续性加以佐证。著名物理学家彼得·希格斯①发现了享誉世界的希格斯玻色子。希格斯玻色子在整个物理界激起千层浪，但是，希格斯却解释道，研究希格斯玻色子与自己的本职研究相去甚远，如果他的前辈知道他把时间花在这上面，一

---

① 彼得·希格斯是一位英国物理学家，出生在英格兰泰恩河畔纽塞，以希格斯机制与希格斯粒子而闻名于世。

定会大发雷霆。可是，如果真有了出其不意的想法，那么，我们眼前的世界定会出现翻天覆地的新面貌。正如济慈的那首诗《初读恰普曼译的荷马》。当济慈读到恰普曼译的《伊利亚特》时，整个荷马式世界马上展现在他眼前：

> 于是，我的情感
> 有如观象家发现了新的星座；
> 或像科尔斯特，以鹰隼的眼
> 凝视着太平洋，而他的同伙
> 在惊讶的揣测中彼此观看，
> 尽站在达利安高峰上沉默。（查良铮　译）

改变科学

许多科学家现在开始思考，他们的研究要有所改变，要开辟新方向。自从历史学家和其他专家没能预测到冷战结束以后，这种观点就尤为强烈。再近一些，同样，在经济学领域，这种观点尤其引人注目。经济学中广为接受的正统观念没有预测到2008年的金融危机，也没有随着时代的发展完善自身学科。经济形势不容乐观，影响了整个人类社会，对此，生物学家提供新方法予以帮助。这些新方法不是像之前那样进行简单的修复，如我们熟悉的特立独行的"经济人"理念①，而是改变，就像随着人类社会单元的改变，进化论观点也在改变。因此，在《新科学家》杂志的一篇文章中，凯特·道格拉斯认为，这不是一专业模仿另一专业的技巧这样浅显的问题。这是对研究方法进行货真价实的，必要的改变。她写道：

> 对即将发生的变革来说，问题不在于经济学家是否能研究生物学，而在于人们是否能通过不同的视角审视这个世界。生物学研究的是人类行为，经济学模型以生物学为基础——问题是我们如何才能创造出想要的结果。竞争与合作之间的平衡点是什么？……我们怎样才能创造一个更公平的资本主义模式？

她理所当然地认为，经济学家应该关注其姐妹学科，比如生物学。显而易见，经济学所需的新观点来自其

---

① 由亚当·斯密提出，认为人的行为动机根源于经济诱因，人都要争取最大的经济效益，工作就是为了取得经济报酬。

他学科，这的确常见，但这与专业化背道而驰。大部分人认为不同学科彼此不相关，不能交叉研究；某学科的专家必须研究该学科研究范围内的问题。我们现在特别强调专业化，学者越来越难打破这种人为限制，但是他们的确需要打破限制。一开始，经济学家自然视进化论为其他科学家的任务。但是，如果经济学家还没有意识到，他们讨论的物种——智人（Homo Sapiens），正是受到了生物力量的巨大影响，那么，他们正在挖的兔子洞永远也挖不到金子。

第四章　方法的冲突

不要问"是否"，要问"如何"

现在，我们必须要回归到最初的问题：人们到底为什么需要学哲学呢？最显而易见的答案是——哲学可以解释不同思维方式之间的关系；哲学为我们勾勒出不同思维方式间的关系图。在人类发展过程中，我们使用过的思维方式多种多样。这些思维方式之间有什么关系呢？不管我们尝试解决的难题是什么，思维方式的关系问题长期以来让我们困惑不已。我们要理解的是，没有必要用一条道路取代另一条道路，也不用淘汰另一条道路。在整个过程中，两条道路都能让这幅关系图涵盖的范围更广，内容更详实。

然而，如今正统派科学家忽视了概念背景的重要性。以往的科学思想纷繁又混乱，注意到这一点的人们，一定会对现在的情况大吃一惊。比如，肖恩·卡洛尔在《新科学家》杂志中呼吁大家对概念背景给予一定关注，但从同事那里却得到了下面这样的回应。他写道：

如果我们想弄清楚，比如时空是怎样出现的，我们就要寻求思考的正确方法来思考量子力学。外界看来，就像"现实的本质是什么"，这种可以争辩很多年的模糊的哲学问题，突然间与量子力学的相关性显著增强。对回答宇宙学和粒子物理学这种艰深的问题，哲学会成为有力的工具……

【记者】在研究宇宙学的时候，你阐述了自己的哲学立场，你的同事对此作出何种回应？

【卡洛尔】很多人只是翻了翻白眼。像是说："真的？我还以为我们早已经摆脱了哲学呢！我已经被排挤出主流，但是我没关系的。"

这些受尊敬的主流观念的支持者没有理解的是，以往的前沿科学——特别是宇宙学，能达到现在的高度主要靠的并非一连串激动人心的事实性发现，而是痛苦与严谨并存的哲学思维。一直到爱因斯坦和尼尔斯·玻尔的时代，哲学思维还是相当开放、清楚明白且受欢迎的。但是近年来，哲学思维却悄无声息地退出了科学人才的教育范畴。卡洛尔建议读者去"寻求思考的正确方法"，他呼吁回归实实在在的哲学教育。然而，科学家明显是将"哲学"一词或多或少地等同于"模糊"。由此看来，科学家并不知道科学接下来要走向哪个方向。

正如现在的有些说法告诉我们的那样，并不是几项激动人心的戏剧化实验促成了以往的科学进步。虽然实验很重要，但是，基础的进步还是首先来自于如何看待整个体系这种平稳的、细致的思维过程。思维可以告诉我们，我们要问什么问题，做哪个实验，对实验有几分把握。关键词就是"如何"。

如果你想用当代术语来解释清楚上述观点，迈克尔·布鲁克斯①会告诉你，你只需要自问，你能想象一个粒子会对数百千米之外的粒子产生影响吗? 事实上，布鲁克斯认为，不需要什么想象力。在量子世界中，这种牵连——在爱因斯坦的嘲讽之词中被称为"远方的异常行为"，是稳定不变的。所以说，那不是异常。异常涉及的是我们对时空中异常现象的理解。要理解这一点，研究者就必须首先用实验的方法检查引起这种异常现象的原因，其实，这就是一个量子事件。这种实验困难重重，基于此，他又补充道：

　　去年，荷兰代尔夫特理工大学的物理学家才

_____

① 《新科学人》杂志顾问

设计了一款测试版本，最终它排除了标准信息转换，粒子随机涨落或探测器故障是产生异常现象的根源。"基于此，我们就能证实，产生异常现象的根源无关具体设备的特征，而是自然的基本特征"（语出自参加这项实验的新加坡国立大学量子科技中心的让·丹尼尔·班卡尔）。结果一目了然。我们对时空的理解、其原因与影响的理解都由我们对世界运转机制的直觉支配，但是，这种理解在量子世界并不适用。有些东西，我们还没能理解。

当我们需要转变重心，从这个问题转向另一个问题时，这只是众多情况中的一例而已。我们经常在不知不觉中作出转变。有时，我们会发现，转变是必要的。

量子世界中的异常现象

简而言之，在量子世界，我们必须用不同的方式来考察时间与空间，不是因为我们对时间和空间的普遍观点是错的，而是因为时间和空间受条件限制：它们只有在相对正常的条件下才会正常运转。此外，虽然实验可以帮助我们证实这一点，事实也确实如此。然而，我们需要的，与其说是实验，倒不如说我们要的是需要做实验的这种思维。

当我们需要转变思维重心，从这个问题转向另一个问题时，这只是众多情况中的一例而已。我们经常在不知不觉中做出转变。有时，我们知道我们需要转变，但是根本无法确定要在哪里做出转变。因为，也许这比我们预想的涉及范围更广；因为我们面对困难的程度已经不可同日而语。这不只是偶然发生的，可以用某种方法解决的意外情况；这种情况太常见了，明明白白地要求我们必须严肃对待。我们要保持警惕之心。人类的主题——生活，比我们设想的更加宏大，内容更加丰富。

从生命的旋律中寻求帮助

就在最近，有一件很幸运的事，那就是丹尼斯·诺贝尔所著的《与生命的旋律共舞：生物相对论》出版了。他承认我们的生活无比宏大，通过这本书描述的背景，我们能对此进一步了解。该书的主题是我们要时刻注意问题与宏观背景的相关性，因为问题就是从宏观背景中产生的。这并不是说有限的、独立的调查（比如最近进化研究全部集中于基因）是浪费时间。正如诺贝尔所言：

　　显然，本书不是嘲笑还原论①所取得巨大成就。相反，还原论明确了最小的分子构成，以及分子间的相互作用。但是，承认这一分子生物学上的巨大成就，把它当作阐释生物复杂性的方法实不可取，因为两者大相径庭。正是因为还原论分析的不是生物有机体所呈现的复杂性，我们不能简单地用还原论来解释生物复杂性。

　　当然，不仅是科学，日常生活同样需要这种释意思维。有很多值得关注的例子，比如，我们一直以来对自由意志怀有疑问。我们经常会问：人们能为过去提供帮助吗？这种问题很棘手是：因为人们还没有开始思索如何将生活的两方面联系起来。一方面是我们无法预料今后会有怎样的经历；另一方面，时钟、日历和其他器械上的计算体系是固定的，不可逆转的。人们还没领悟到，其实这两个方面并非全对或全错。两者只是想象和表现同一过程的两个技巧、两种方法、两条道路。它们就像两种不同的语言，从两方面来描述这个错综复杂的整体。这有利于达成各种不同的目的。这非常像先看到闪电，而后听见隆隆雷

---

　　① 还原论指将高层的、复杂的对象分解为较低层的、简单的对象来处理。世界的本质在于简单性。

声这样的关系。闪电与雷鸣不是绝对独立的事物；它们是一次电力释放的两种表现形式。闪电与雷鸣不是幻象；只说闪电或只说雷鸣都是片面的。

同样，当我们为不同的目的，从两个不同的方向来思考同一行为，我们会将这一行为融入两种截然不同的概念格局。比如，如果爱因斯坦只是解决了一项难题，要理解他的解决方法，最有效的通常是从爱因斯坦的角度来思考——我们就是爱因斯坦，从自己以往的方法以及前人对这个问题提出的方法中选出有可能正确的方法。这种方法将问题置于一个存在其他备选解决方法的背景之中，所以，这种方法自然而然地假定爱因斯坦是在众多方法之中做出的自由选择。确实，不管理论家在其他地方表明自己对自由意志的观点是什么，理论家在思考某个课题其他可能的观点时，必须一直做这种假设。

另一种观点认为爱因斯坦的论证只是脑细胞所做的必然的工作。不过这个观点可能不是特别适用，除非有特殊情况，比如爱因斯坦的论证本身是错误的。在这种情况下，他的医生或许会对论证的错误感兴趣。但是，"为什么他会这样思考"，这种问题就不再是心理学问题，而是严格意义上的医学问题，那就是："他的脑子到底怎么了？"至于原因，自然会从宿命论原则中寻找。两种方法都有理可据，但需具体问题具体分析。

大脑半球

这里讨论的问题确实会涉及大脑构造。不相容的事实似乎会发生冲突，大脑确实与这些情况有关系，我们要引起注意。也就是说，左、右半脑相互依存但依存状态并不完备。

值得注意的是，左、右半脑极其相似，它们都是人类思维的重要组成部分，并且可以为彼此纠错。科学家过去常认为左脑承担着大部分工作，因为左脑损伤会带来明显的能力损伤，比如说话能力。但是，渐渐地，人们发现尽管这种损伤显而易见，但受影响的总是相对精细的环节。相比之下，右脑损伤会破坏人类思维的整体平衡。右脑似乎承担着总结整体情况的任务，同时也观察着到底是哪里出了问题。与此同时，左脑关注着细微之处，指导行动。右脑能让一只鸫①从远处发现蜗牛，并密切留意着周遭是否有掠食者来打搅自己的美餐，而左脑的任务是指示眼和喙执行最终的捕食行动。

芸芸众生，包括人类，左、右脑大部分时间内都

---

① 鸫是中等体型的食虫或杂食性的鸟类。体长117毫米–300毫米；腋羽及翅下覆羽在两性均为纯色；嘴须发达；翅形尖。

在有条不紊地相互配合。但是，左、右脑的交流却不完备。尤其是，左脑经常忽略远处的事物，这却是右脑先注意到的。也就是说，左脑注意不到新因素，察觉不到附近的危险。这是人类的弱点——上瘾。上瘾会导致对特定细节过度迷恋，甚至会忘记问题的要点。这一说法还在进一步论证中。

最近人们才对左、右脑职能有了进一步了解。当然，我们已经非常熟悉左、右脑失衡产生的影响。左、右半脑思考能力失衡就导致了很多我们熟知的心智缺陷——于左脑而言，有狭隘、上瘾、偏见、迂腐、不通融；于右脑而言，有模棱两可、随意的乐观或悲观。

然而，事实是，左脑会自动忽略自己的缺陷，而右脑能理解自己的缺陷，并明显地让这些问题倒向一边。在我们所处的时代，学术潮流崇尚专业化，无论是多么平淡无奇、可有可无的想法都要记录下来。在正式论证中，左脑居于首要地位，但是，这种学术潮流给左脑安排的地位名不副实，也不合适。

除了上述的一般倾向，我们都有自己特有的根深蒂固的偏见。对于有些矛盾，对左脑偏好或对右脑偏好都让人们的行为具有高度的可预测性。自由意志的争论就是其中一例。不可撼动的宿命论毫无疑问是典型的左脑立场，宿命论会带来即刻的满足感，同时也带来与生活主要方面明显不相容的隐蔽的问题。这些问题长期存在。我们治疗心理疾病的时候，也会有相似的烦恼。我们要将内心、主观印象与外界医疗数据相结合，这是我们要面对的困难。根据内心状况或医疗数据其中一个方面，我们可以轻而易举地总结出某些看上去像最终的、无懈可击的观点。但是，我们知道，这些观点只能解释我们的一部分。半真半假的观点不会被彻底推翻；双方难分伯仲。这个问题一直困扰着我们。

如果想跨过这道坎，我们就要知道，在很多情况下，退一步就会发现，那些看上去不可调和的替代品，在某种程度上可以合为一体。事实上，这里所说的矛盾常常在两个自我间徘徊，即两类情绪和两种不完整的世界观，它们需要相互加强理解。尽管很难，但人们还是能做到这一点。如果做不到相互理解，那么，世界就会变得比现在更加糟糕。

第五章　摆明问题

世上有真正的谜题吗

我们生活的外部空间为我们提供不同的视角。正是这个空间可以让我们运用不同的单位、不同的思维模式、不同的假设来应对各种不同类型的问题。例如，关于自由意志，有些选择最好理解为已经事先规定好的，而其他选择还有待讨论（问题不是是否真的存在固定的过程，而是哪种假设用处最大）。有些事物可以用三角测量法精确测量，有些可以用电子显微镜观察，有些可以用分贝或通过对远处事物的反应进行衡量，还有的事物还可以用痛单位（dols）和赫登（hedons）①来测量。然而，生活包含了各种要素，比如信仰，它们在生活中也扮演着重要的角色。要衡量这些东西，就需要包括社会反应和社会评估的内在力量；但这些东西根本不需要测量。若人类不是拥有内在力量的社会动物，我们一开始也不会要衡量这些生活要素。我们在提出这些问题的时候，内在力量就相当

---

① 痛单位（dols）和赫登（hedons）分别是计算疼痛和愉快的单位

于给出了答案。

我们有很多计算方法，当然，我们所用的计算单位在世界上并没有实体。单位只是一种描述实物的方式，也是与人类能力相匹配的方式。我们创造的每一个单位，其目的都是来描述在特定情况下的事实，而且还要正合适。所以，一开始英尺（foot）指的是某位国王脚掌的长度，而英寸（inch）指的是那位国王拇指关节的长度。用这种单位测量其他类型的东西，比如思想，是毫无根据可言的。

物理学家开始意识到测量对研究极其重要，并在研究中大范围使用测量这一方法，但是现实中还存在诸如人类动机这种无法精确测量、也不可能预测的情况，它们如同荆棘，引发了恐慌。长期以来，"自由意志"一直被视为常规的事实性问题，哲学家们提出了不同类型的决定论和非决定论来解释"自由意志"——我们会从中选出可能正确的方法。直到最近，学者在面对这种难以抉择的关头时，通常会倾向于决定论。他们仍然自己做决定，这也显示出，实际上他们并不相信自己的决定早已成定式，但是，他们认为应该接受决定论并将其视为理论，只是因为他们都崇敬物理学。

然而，在过去的一百年间，哲学家为提问者提供了不止一种选择，其中就包括神秘主义（Mysterianism）。神秘主义认为，世界上确实有些问题不适合用意识解决，自由意志便是其中之一。为了解决这一形而上学的问题，诺姆·乔姆斯基①给这些问题取名为"奥秘"（mystery），显然，这名字来源于一个名为"? and the Mysterians"的流行音乐组合。乔姆斯基认为这些解决不了的问题根本不是问题，而是奥秘。对于这种情况，科学家就不要再说（他们现在也一直是这样说的）"我们还没有得出答案"，而要说"这个问题超出了我们的认知范围"。乔姆斯基补充道，局限性并不新奇，因为所有器官的认知能力都有局限性，我们必须得承认这一点。

是这样吗？终于有学者承认，世间的确存在他们不知道也不可能知道的东西，听到这些真是倍感欣慰。但是，我们要接着提问了，那这些不可能知道的东西是什么呢？原因又是什么呢？

当然，自由意志不是个例。难以解答的问题都存在身体与思想的关系问题。即便二元论将身体与意识分离开来，身体与意识的关系依然让人费解，非常典型的例子就是意识的起源问题。托马斯·亨利·赫胥黎（Thomas

① 诺姆·乔姆斯基是美国哲学家。他所著的《句法结构》被认为是20世纪理论语言学研究上最伟大的贡献。

Henry Huxley）曾说过，"刺激人的神经组织，便能产生像意识状态这般奇异之物，这就好比阿拉丁一擦神灯，巨神灵就闪现出来一样魔幻，无法解释。"

这句话可以作为让哲学家将意识简单地看做一个解决不了的奥秘的理由吗？这样的想法的确让人不安。首先，我们显然不可能总找这样的借口，将每一个回答不了的问题都归为奥秘。其次，现在人们坚信科学可以解释一切，然而这种想法对科学的信仰造成巨大冲击。我们应该明白，这无疑是现在科学主义想抛弃意识的一个原因。

第六章　物质是什么

改变赫胥黎的思考方式

当问题上升到这种程度时，我们肯定会问，为什么我们一开始就走上了这条路呢？为什么从赫胥黎时代到现在，所有带有怀疑倾向的问题和疑惑都转变为对意识的质疑——即对幽灵（Ghost）的疑问，而不是对机械的疑问呢？一旦我们对意识—物质二元论提出质疑，就会发现对物质的有些理解真是大错特错，这是再明显不过的了。

"物质"指我们周围所有的客观实体，比如桌子、椅子、人类的身体等等。物质（matter）这个词可不是信手拈来的。在二元论中，物质是一个专有名词，指的是没有思想的惰性实体，仅指抽象的、构成桌椅这类东西的要素，而非具体的事物，虽然"matter"这个词对应的是希腊词语"hyle"，意为"木头"。这里的木头指的是可以制作桌子和雕像的客观存在的物质，而且在现实世界中不存在抽象的木头。"matter"这个词只是一种修辞手段，指那些不会对精神的巨大力量产生影响的实体。

二元宇宙亟需这种中立的存在来为解释世间生命与活动的实际样貌提供方法，但是从未奏效。事实上，在二元论盛行的时代，人们已经意识到物理学的重要性，但是还没意识到生物学的重要性。二元论的观点是：有机体采取行动显然是受到影响的，受到事物间随意的、混乱的相互作用的影响。二元论将由此形成的顺序归因于精神或意识，无论是精神还是意识，都应该理解二元论。

这就可以解释，一旦精神开始退出科学思维，科学家便发现要理解实践是多么困难。二元论者已经决绝地清除了以往对于爱与恨的信仰。自然魔法（Natural Magic）的信徒相信，人们可以用爱与憎的力量来解释世间某些现象，比如潮汐。二元论者否认这种力量，将全部真实力量集中于上帝之手，目的是避免盲目崇拜。

结果，非常奇怪的是，现在，那些想要炫耀自己紧跟科学步伐的人常说："有人问我'你的信仰是什么'，我会说我信仰'唯物主义'。"他们认为真实的世界完全是由物质组成的。这绝不意味着世界是由没有思想的惰性物质组成，况且这些物质早已存在。

当然，后来哲学家否定了二元论。但是，让人意想不到的是，这种否定呈现出一边倒的倾向。虽然科学家声称不会再相信机械里有幽灵，但是他们只是抛弃了幽灵这个意象；机械一如既往仍是强有力的意象。因为科学家还是习惯于已有的物质概念，而且现实中的机器成为了生活中非常重要的组成部分，所以，这些哲学家还没有意识到要改变脑中的意象。与正式的科学观念相比，梦境与寓言拥有更强大更持久的力量。事实上，以上只是众多情况中的一例而已。

启蒙思想家认为上帝是科学领域之外的存在，是一切运动的源泉，然而实践活动一直向前发展，上帝说又变得让人费解，上帝说也确实掺杂着神秘的成分。托马斯·亨利·赫胥黎坚定地拥护启蒙科学主义，他想知道"刺激神经组织是如何产生意识的"，但是他找不到合理的解释，所以，他借助于神话故事阿拉丁擦拭神灯来解释意识的来源。如今，赫胥黎的后辈也会在神话中寻求解决方法，这就是在效仿赫胥黎，可以肯定，这有悖于科学家的职业信念。

忘记神经组织

然而，我们还有另一种解释，只是没有赫胥黎那么戏剧化给人留下深刻印象，但是在很多情况下还是能讲得通。该解释很简单："你绞尽脑汁要回答的问题本身是错的。"的确，为什么所有人都要相信刺激神经组织便能产生意识呢？显而易见的是，人类现在之所以还能思考、有意识，其间肯定经历了一个长期发展的过程。在这个过程中，产生意识的神经组织不断完善，人们也养成了让意识成为必需品的生活方式。所以，意识不是发生在大脑的孤立的活动，而是产生于体内，与生活方式相适应的活动。意识活动对人类身体的进化具有非同寻常的意义。

赫胥黎全力支持进化论。我认为，要不是有两道障碍，他应该能发现进化与意识的这层关系。首先，二元论在他的心中根深蒂固，这让他将所有意识，尤其是人类意识看作"灵"（Spirit）——这是一种超自然，有如神明一样的存在，但是，这股力量太强大了，自然界物种没有办法沿袭这种力量。其次，赫胥黎对非人类动物没有什么兴趣，因而他没有注意到其他物种的生活方式在人类进化中发挥着至关重要的作用。赫胥黎和达尔文不同，他完全忽略了动物发展史。他从没有反思，即便是最小、最原始的生物，它们为了存活，也要采取合适的、合理的行为，因此，这些生物肯定需要某种意识来指导它们的活动。事实上，意识并不是少数高等生物，比如人类才能拥有的特权。意识是所有生物生存的基本条件。

不管赫胥黎对意识的看法如何，重点是他那解释意识起源问题的方法如此幼稚，竟然还流行起来。尽管疑点重重，但现在还有很多哲学家仍承认他的解释，很奇怪对吧。现在，"意识难题"可以概括为："为什么所有身体都是有意识的，而非无意识的？"而难点仍然是解释意识与大脑两者之间的关系。但是，大脑与意识被人为分离，一个是意识的状态，一个是大脑的具体活动。这样一来，意识不是大脑的状态，而是人或动物的整体状态的说法就模糊不明了。哲学家仍痴迷于钻研这两个明显不相关的名词，还没有想到要通过研究社会环境和进化史来找到两者之间的关系。只有放在社会环境和进化史中，大脑与意识的关系才会体现出明显的意义。

脱离社会环境和进化史，人们是解释不了意识问题的，这自然而然地促使人们将意识归结为未解之谜。科林·麦金（Colin McGim）[1]大力支持神秘主义。他认为人类无法解决意识的起源恰恰显示出人类进化中的缺陷——即人类大脑能力不足。"人类在解决身心问题上没有任何实质性进展，原因就是人类智力解决不了这个问题。"他又数次提到将大脑比作一块肉（肉怎么能将自己转化成意识呢？），通过这个比喻，他又强调了这种令人怀疑的论断。

---

[1]　科林·麦金，英国著名哲学家

该论断让人眼前一亮，但是缺乏准确性。肉不是来自活着的动物，而是来自死去的动物。我们都知道死去的动物是没有意识的，在我们周围跑来跑去、飞来飞去的动物也没有以某种方式显示出它们的意识来自死尸。这些动物的意识可以追溯到以前的同类，以及它们的生活方式。这些生活方式正是祖先留给后代的宝贵财富。我认为，"肉"的言论虽然具有误导性，但这是现实主义的一次尝试，具有一定意义。之前人们执拗地认为，心理活动是存在于大脑的孤立的状态，科林·麦金的观点只是个无端的转变吧。

第七章　有关量子的问题

应对分歧

我们知道，自由意志并不是可以简单地归结为大脑奇怪的发展历程而导致的个例。自由意志只是众多日常难题之一。这些难题就是将适用于不同思想领域和方法的两种思维方式相结合。如果我们必须要将两个领域结合思考，那么，这两个领域就得进行调整。人类健康主要包括两个方面：一个是身体方面，可以用药物来保证；另一方面是想象中的或心理社交方面，体现了病人的内心世界。与保持健康的难题相比，自由意志既算不上奇怪，也没有几分相似。

我们尝试从这两个方面考察健康状况时，常常需要新颖又具有创造性的思维，来为我们开辟一条治疗疾病的新道路。在这种情况下，要治好眼下的病，只是简单地说一句"嗯，不好意思，这个病是未解之谜，无药可救"是绝对不行的。我们也不会简单地认为科学方法一定要凌驾于其他方法之上。相反，我们知道难点在于，如何将科学家已经为某主题设计出来的、整齐有序的模式拓展到更广泛的领域，当然还要考虑其他因素。我们也知道，同一方法往往无法完美解决其他类型的问题。由此看来，不同思维模式存在冲突。除了自由意志和健康，其他问题也包含大量矛盾，例如，创立量子力学的过程同样存在矛盾。

蒂姆·莫德林①解释道：

量子力学已经发展成为数学工具。物理学家知道如何利用量子力学进行预测，但是，量子力学传达给我们的有关物理世界的实质是什么呢？在这一问题上我们还没有达成一致，也没有理解到位……这是爱因斯坦所焦虑的，也是埃尔温·薛定谔所焦虑的……我们并没有完全理解，量子力学是物理理论，它仅仅是一种计算手段。尼尔斯·玻尔和沃纳·海森堡想要说明我们不应该再一味地追寻明确的物理理论了……可是他们错了，半个世纪以来，他们的观点阻碍了业界认可的物理问题的研究进展。幸运的是，我们走出来了。

不同的背景需要不同的思维模式。实际所发生

---

① 蒂姆·英德林，纽约大学哲学系教授，著名物理哲学家，研究方向从物理学基础到形而上学和逻辑学等范畴。

的，与其说是我们回答不了提出的问题，倒不如说这些问题是错误的。

　　现在情况貌似没有太大转变。一位《新科学家》的作者最近在某场大会上就这个问题作了一份报告。在这份报告中，他评论道，理所当然的是，量子物理学是一门奇怪的科学。该理论颠覆了我们对空间、时间和现实的认知。这一点实验已经证实。大部分物理学家只是一味地接受量子理论，仍有一部分物理学家还在思索量子理论。

　　简而言之，神秘主义者貌似在一个非常狭隘的范围内研究问题。真正的难点不是像自由意志这种由于某些未知的原因，超出了我们认知范畴的特殊问题。真正的难点是，没有完美无缺的方法。至于原因，我们也都能理解。人类的未知领域无穷无尽，而且还一直向外拓展，没有界限。实践证明，我们正使用的方法是不完美的。如果为了使用这些方法而跳过那些明显必要的初始环节，那么，有些障碍可能会引发所有问题。

　　要进一步解决问题，我们就需要改变方法了，然而找到合适的方法本身就是一个困难重重的新问题。我们知道这个新问题是可以攻破的，因为前人已为我们做出表率。从古至今，我们需要源源不断的新思维方式，世上没有储存着各种靠谱方法的商店，因此，我们必须要运用哲学思维。然而，现在我们才醒悟，寻找新方法不能等同于选择一门新语言再抛弃一门旧语言。寻找新方法不是发现世界的另一面，而是寻找对世界正确描述的其他可能，且新旧两种描述都能在合适的背景中应用。实际上，寻找新思维方式就是如何完美地运用自己不完美的能力。

为复杂的世界绘制地图

如果我们对这复杂混乱的局面感到震惊，倾向于认为我们应该有一套终极的、客观的、普遍适用的、可以衡量一切的测量体系的话，那么，我们该醒醒了。我们要反省，要转变这种想法，不是改变对宇宙的观点，而是改变对人类的看法。毕竟，人类进化的重点并非集中在提高准确测量世界的能力上。测量只是人类的任务。而如今，科学界所提出的精确测量确实引领一番新气象。近来，为了适应思想上的新进展，精确测量随之也有了进展，但是，新进展却有些意料之外的局限性。相比之下，我们在日常生活中惯用的测量方法已经满足不了实践的需求，而且这些测量方法也在通过调整来适应实践。

　　法国大革命之后，公制单位①标准化，这次尝试不是以实践为目的，而是建立一套普遍适用的、无需改进的、永无过失的、合理的测量体系。公制单位有望为构建这样一个测量体系画上圆满的句号。但是，随着科学的发展，科学演化出各种分支，它们需要更为精细的计算，而公制单位远远不能满足这一需求。此外，我们也不可能合成一种万能的、世人都能接受的、最终的体系来满足科学对精细计算的要求。毕竟测量和其他工作一样，以实践为基础，而且测量工作的组织形式必须与在特定时间从事这项工作的人相适应。测量标准没有最终版本，也不可能永远有效。

　　那么，是什么让科学界的提问者开始了新的征程，换句话说，他们的创新基础是什么？答案肯定是因为他们找到了更合适的新思维方式。新思维方式来自于为当前目的服务而提出的正确问题。有时，这些提问者先驱将问题拆分为两个不同的目的，有时，他们将以前看似是分离的目的结合在一起，有时，他们将研究整体移至更广阔的领域，因为他们之前没有注意到这块领域与问题的相关性。但是，要想取得成就，创新者必须从多个角度来考察

────────────

　　①　公制亦称"米制""米突制"。建立在下述三种基本单位之上：米——用来确定距离；千克——用来确定重量；秒——用来确定时间。

事物，这一点很重要。随意地从一个观点跳到另一个观点，这是我们普通人常干的事，创新者不会这么干。创新者展望的是更宽广的天地，那里有无数可能性。而这些可能性的根源往往是无时不存在的矛盾。比如，如果我们想知道，为什么会有自由意志的问题？我们会发现，要化解现实选择和自然规律的矛盾，我们更需要一幅更加复杂的地图，而不是单单研究其中一项。哲学的核心任务就是绘制这样的地图。

第八章　什么是进步

测量及其标准

最近，大卫·查尔默斯（David Chalmers）[①]写了一篇文章，名为《为什么在哲学中没有更大进步？》。读了这篇文章，我们会明白这幅复杂的地图对人们的理解产生的作用。大卫·查尔默斯完全否认地图的复杂性。他写道，为了衡量哲学的进展，他有必要解释清楚衡量的方法以及衡量的标准，"他使用的方法是真理趋同……衡量的标准相当于硬科学[②]"。事实上，他将哲学归结为一个功能、一幅地图，从事先选好的单一视角来看待哲学。

为什么将硬科学（hard science）作为衡量哲学进步的标准，而不是用来解决与其自身相近的，诸如历史学、医学或文学评论的问题呢？查尔默斯对此没有做出解释。

[①]　大卫·查尔默斯是圣路易斯华盛顿大学的博士后。现任澳大利亚国立大学脑意识研究中心主任、哲学教授及纽约大学哲学教授。2016年9月，被美国教育网站"The Best Schools"选为全球50位最具影响力的健在哲学家。

[②]　硬科学是自然科学与技术科学两大系统的统称。其内容包括数学、物理学、化学、天文学、地理学、生物学以及技术工程等学科。它主要是应用本学科系统的理论和方法，去研究具体的以"有形"课题为主的更好地解决理论与实践紧密结合的各种问题。

"硬"（hardness）此处是隐喻，意味着力量（virility）与普遍意义上的伟大（grandeur），不过，单从字面意思看，这显然不是合理充分的解释。但是，他没有将哲学与认知科学和社会科学作比对。他写道："对于当下的目标而言，哲学是如何与硬科学挂钩的，我没有必要对此表明观点。"他没有解释当下的目标是什么，也没有告诉我们他为什么如此重视趋同，其实这才是更重要的事。

很奇怪的是，从表面来看，科技在进步，科技成就往往不是因为融合，而是因为找到了新方法进而出现分歧，找到新方法和发现分歧的，就是刚提及的那位提出惊人想法的科学思想家新秀。查尔默斯马上指出，哲学同样存在分歧。他引用了2009年的一份调查报告。在这份调查报告中，专业哲学家对众多有关事物本身的重大概念问题给出各式各样的回答，比如自由意志、先验知识①、身心关系、上帝是否存在，等等。毫无疑问，这些哲学家全都是当代文化的代表人物，他们大部分都来自北美、欧洲和澳大利亚，专门分析盎格鲁中心主义哲学。这也可能是他们在无神论和物理主义②领域能取得丰硕成就的部分

---

① "先验知识"指先于经验的知识。
② "物理主义"是以物理学为基础，应用行为主义的心理学方法，从物理事物的语言方面，将心理现象还原为物理现象，并将心理学命题译为物理学命题。

原因。

但是，查尔默斯又补充道，无论怎么看，哲学领域的分歧显示出哲学正处于一团糟的状态，要取得进展，前路还很漫长。虽然其他领域的专家学者也有分歧，但我们还未对此进行类似的调查。如果调查得越详细越多，我们（查尔默斯说）会得到充足的数据，继而能发现他们在回答重大问题时趋同的情况要多于哲学领域。有评论家指出，科学中也有大量的分歧。以物理学为例，物理完全是以广义相对论与量子力学的关系进行划分。针对这种看法，查尔默斯坚持认为，"尽管如此，物理学中也有很多稳定的、适用的、无争议的理论和测量手段，在具体条件和限制下，这些理论和测量手段是准确的。"然而，哲学前沿很大程度上是指哲学这一整体。

显而易见的是，这并没有摧毁哲学的意义，哲学的意义并不是解决问题，而是促使人们觉醒，进而理解问题。雷蒙德·塔利斯（Raymond Tallis）[1]就查尔默斯的文章做出评论，他指出，如果哲学不能解决自身的重大问题，那么"哲学的意义是什么"就会变成"觉醒的意义是什么"。对于这一问题，塔利斯的回答是："如果所有事

---

[1] 雷蒙德·塔利斯是英国曼彻斯特大学前医学教授、文化评论家。

物都是以最终状态而存在，那么从事物本身的角度进行研究，当然是有价值的。"

问题多，答案少

然而，查尔默斯还是很遗憾地讲道，虽然值得赞赏的是客观实体稳定又牢固，但哲学仍然松散、易变，这很危险。他以不太确定的口气说，这应该是因为，哲学的核心任务是处理那些根本没解决的问题，解决这些问题靠的不是偶然，而是本质——不同的思维方式和生活方式之中会不断地出现新方式，而这些新方式之中存在长期矛盾。我们都知道，比如，理解身心关系的难点与理解自由意志与宿命论的难点。这类问题是抽象的，不同于数一数银河系有多少颗星星这样的难题。这些问题是概念上的难题，各种事实错综复杂，令人眼花缭乱；此外，事实形式不断变化，这就需要我们改变其描述，找到思考这类问题的最佳方式。

在困难重重的情况下如何思考，这是哲学关心的问题。这个复杂的世界一部分肉眼可见，一部分真实可感，一部分可以通过读报告了解。如何想象、如何设想、如何构思和描述这样的世界，哲学可以用它的方式，让我们从整体上对世界有更加清晰的理解。哲学是一套实用的艺术或技术，用来探索未知森林，而不是只为找到被掩埋在地下那个名为真理的宝藏。正因如此，哲学关心的更多是提出问题，而非如何在特定时间回答问题。

查尔默斯发现他提出的很多问题都体现了这一难点，他宣称"没有实在的物质"，他们"接受另一种选择"，等等。但是查尔默斯没有问那些怪异的哲学家他们的分歧点在哪里，相反，他将他们的观点击得粉碎，走向了似乎是最近的终点。毫无疑问，他达到了某种程度上的趋同。人们如何思考，如何生活，这两者之间的亲密关系被融合所掩盖。

与自由意志契合

我有一位老友。据我所知，她对马、牛和其他动物，以及我们身边的自然景观研究颇深。前几天，我收到了她的信，这封信很有意思。正是读了这封信，我突然悟到了生活与思考两者关系的重要性。她写道：

你有本书叫《你是幻觉吗？》，书里讲了自由意志，但是我对你所讲的东西有一些困惑。可能因为我没有哲学背景。从生物学和行为学角度来看，绝大多数行为和决策很大程度上受生活经验和内心倾向的影响（至少哺乳动物是这样的），但是做出这些行为的"条件、地点、时间和方式"是生活经验的结果；因此，我认为行为和决策貌似不能归结为我所理解的自由意志？

当然，她没有错。对"自由意志"的讨论确实包含不可预料的抉择，即从选择者的立场做出的选择。但是，当我们从行为学角度严格地讨论自由意志这个问题的时候，我们的注意力集中于发现具体的物理因素。行为学家向我们保证，这才是解释动物生活的唯一的、真正的原因。我们只能从自己和周围人的以往的行为中找到这些因素。

但是，除了被故意限制的学术目的，我们从来没有从这个角度来思考人类行为和动物行为。其实，动物行为也是人类生活的一部分。我们常常思索，到底是什么让人开口说话和采取行动的呢？我们常忽略了这一点，那就是这些都是既定事实。我们需要关注更宏观的背景，关注说话人全部的思想和行为，以及他们参与的讨论。这就是促使人们说话与行动的永恒的背景因素。当然，这主要与动机有关，即意志的状态。

动机在交流中的重要性无须多做解释，因为所有开口讲话的人，或者发声的人都知道它的重要性。动机不是那种需要做出专业解释的哲学概念。我们可以理所当然地认为，牛和马对人类沟通的反应与动机差不多是一个意思。动机是所有物种具有的典型特征，就像消化系统和走路一样，是研究该物种生物特征的核心。因此，严格地从生物学角度看，动机与人类生活的关系是永恒的。行为学家试图排除动机以及其他主观因素，但这只不过是无用的理论罢了。

那么，动机是如何与趋同挂钩的呢？

毫无疑问，我们想让人类最终达到趋同状态——比如在重大问题上保持看法一致。趋同会给我们带来更为宏观的真理，不同于我们以往讨论过的问题，这才是我们想要的。而且，只用一个理由就能将事件解释清楚，这不符合实际。如果发掘真理是目标，那么我们真正的目标肯定是那种更宏观、更遥远的真理，而不是将几个相近的真理作简单的趋同化处理。

但是，寻找宏观的真理意味着要重新规划我们要解答的问题，这就扰乱了查尔默斯主要关注的事实。这事实就是现在为大家所接受的，哲学家给"重大问题"所作的回答。他给这些重大问题都定了题目，比如："我们如何了解外部世界？真的有上帝吗？我们有自由意志吗？"等等。但是，为了更明确地衡量哲学进展的现状，他将这些问题打造成非黑即白的模式，颠覆了长期以来在某方向上保持模糊性的解答模式。因而，他得出的是静态的答案。他寻找的应该是智力变化的证据，但他的答案让人看不懂这些证据。

例如，在哲学中添加或者删除上帝说，改变的不是经验上的细节，就好比在世界地图中加上或移去澳大利亚，而更像改变对世界的整体看法。它改变的是整个主题。除非我们是二元论者，那么我们自然会认为这个世界是有生物居住的。而哪些生物居住在这个地球呢？这是我们要思考的核心问题。维也纳学派①认为，世界全部由物理实体组成，这真是无法想象。在现实生活中，每个人自带文化已经塑造好的强大的背景，我们就生活在这样的大背景中，其中包括人类和非人类生物、力量、氛围、机遇、习俗、倾向、理念、危机和挑战。艾丽丝·默多克②曾犀利地指出："文化不仅仅是最近上映的电影和近来的时尚潮流。文化囊括所有信仰，对科学与时俱进的理解也是一种文化。把文化分裂为人文与科学两部分，给予两者

---

① 维也纳学派，亦称"奥国学派"，一个自然科学和哲学的学派，主张研究异动和形质。

② 艾丽丝·默多克女爵士（Iris Murdoch, 1919–1999），爱尔兰小说家。

相当的地位，这完全是误导。我们只有一种文化，趣味和危机并存的科学也是文化中重要的一部分。但是，文化中最重要、最基础的层面是文学研究，因为如何描绘与理解人类所处的状况就是一种教育。我们首先是人，有道德的人，其次才是科学家。科学在人类生活中的地位必须通过几个词加以讨论。"

科学地总结之后，这几个词分别是——进化、基因、孤独症、信息、多元宇宙、学习难度——还有形而上学唯物主义。形而上学唯物主义是这些词的基础。这些词和饮食、穿衣一样对我们的身心健康有巨大影响。这些词有时成为我们的思维习惯，要改变其背后的哲学立场非常困难。

第九章 视角与悖论：
卢梭与智力炸药

然而，哲学观点确实会发生变化。那么，导致变化的契机是如何发挥作用的呢？达尔文、爱因斯坦、哥白尼、亚里士多德、笛卡尔这些哲学家提出新观点的时候，到底发生了什么？

有时，历史学家将这些成就归结为必然事件或者是个人才能创造的奇迹。（这就解释了为什么有些受误导的人要求解剖爱因斯坦的大脑，希望这样能解释爱因斯坦的大发现。）但是，实际要比个人因素更容易理解、更有趣。这就涉及视角。这些创新思想家立足于当时的实际问题，在更广袤的背景中思考，思考这广袤的背景如何与更广泛的问题相联系。他们以望远镜和显微镜为工具来透彻理解这些宏大的主题。简而言之，他们使用的就是哲学思维。同样，那些决定将上帝从哲学的地图中移除的人们所做的不只是引起了"地理"层面的变化，就像移除澳大利亚，他们在转变观点，也就是视角。创新思想家决定深入思考。直到现在，他们仍然认为广袤无垠的精神世界与我们的生活息息相关，但他们却决定割舍精神世界，转而研究微观的世界。

如今，从整体来看——找到合适的宏观背景，为解决当下的问题提供灵感，这就是典型的哲学任务。正是因为这样，哲学才能成为与人类息息相关的学科。哲学不仅仅是只有少数人才能理解的专业学科，它还是思想上的地理学，在我们的背景地图中随处可见。确实，哲学的作用和现实中的地理学很像，哲学这门"地理学"让我们知道了这个世界有各种各样的"地图"（map），比如政治地图、物理地图、气压地图，以及为什么这些各式各样的地图最初在我们地图集中出现是必然。哲学探讨的是不同思维方式所得出的观点，并试图解释清楚其中关系并绘制出关系地图；哲学是解释整体的方法。如今，现有的地图也包含宗教地图。宗教是关于神明的范畴，我们也知道，宗教种类繁多，还常具有误导性，但是，这并不表示宗教所描绘的领域不存在。

为什么有些哲学家能流芳百世呢？原因不在于他们有多少新发现，而在于他们找到了新的思维方式。新的思维方式也需要不同的生活方式，这也是我们真正需要的。再强调一遍，在当时的大众看来，这些哲学家的想法是荒谬可笑的，因为他们常使用生动的对比，比如将那时的习惯与新背景进行对比，提出奇怪的假定来颠覆当时的习惯。在这之后，思想便可以沿着新道路继续前行，沿着新道路不是完全抛弃原先的道路，而是让新旧道路都有发展空间。

例如，卢梭（Rousseau）所著的《社会契约论》，开头便写道："人生而自由，但却无所不在枷锁之中。"他在书中指出有些理论与实践之间存在明显出入，如果我们一直没弄明白这些差异，问题还未妥善解决，那么我们需做深入调查。卢梭举了个例子，当时对刚出生的婴儿的照料方式很奇怪且有悖自然规律。这种方式就是婴儿离开母体之后，用绷带固定放到板子上，交给护士，但护士并不会给予婴儿全心全意的关爱。自此，人们开始思考：我们对"自然"的看法是否有不符合常理之处？自然与人类又有怎样的关联？人们此前从未关注过这些有悖于自然规律的情况。自那之后，人们一直在深入思考那些不符合自然规律的现象。人们立即开始对幼儿的成长过程给予重视。每个人都是由婴儿长大成人，因此，这是一个值得深入研究的问题。

第十章 约翰·穆勒和各式各样的自由

在《论自由》的第一章，约翰·穆勒（John Stuart Mill）①写道：

> 十八世纪，人们都狂热于赞叹所谓文明、近代科学、文学和哲学的各项奇迹。当现代人与古人不同程度重复滥信乃至高估自己的时候，请看卢梭的一些似是而非的议论怎样像炸弹一般爆发在一大堆结构紧密的片面性意见之中，改变了它原来的部位，迫使其中分子在新的分子楔入之下重新组合出更好的方式，起到了有益的震撼作用。

简而言之，我们只是没有思考过这些显而易见的问题，这一消极因素是造成现有困难的主要原因。穆勒

---

① 约翰·斯图亚特·穆勒（1806–1873），19世纪英国思想家、哲学家、经济学家，1859年政治学著作《论自由》。严复在1903年译成中文，以《群己权界论》为书名。

指出，即便卢梭提出的爆炸性言论没有意识到自己的错误，也没有完全纠正以往的错误，但他的言论不无益处。爆炸性言论如同探照灯，引来各方高度关注，其散发的长久影响让后来的人们很难再忽略这些言论的意义。很有意思的是，前人没能看清以往的思维方式是多么混乱，直到卢梭这号人物出现，将炸弹引爆，理清了其中关系。那么，未来呢？现在认为是理所当然的事，将来也会一直成立吗？人们会对人类发展初期的行为习惯作出假设，假设的力量很强大。直到有一个合理的证据将其推翻，人们会明确地表示无法接受这种假设，假设才会消失。想象力散发着强大的影响力。

如果我们问，这些向外延伸的动向能不能称为进步呢？答案是：如果它可以为未来所需要，这种动向当然算得上进步。确实，如果我们继续忽略基本问题，教义会萎缩，而这些新动向可以有效防止现有教义萎缩，穆勒呼吁对这些话题进行自由讨论：

在缺乏讨论的情况下，不仅意见的根据被忘掉了，就是意见的意义本身也常常被忘掉了。在这种情况下，表达意义的字句就不复提示什么观念……鲜明的概念和活生生的信仰是没有了，代之而存在的只有一些陈套中保留下来的词句；或者假如说意义还有个别部分被保留下来，那也只是意见的外在表皮，其精华则已尽全失去了。人类历史中不乏为这种事实所填据的巨大篇章，要加以研究和思考是不嫌过于认真的。

哪种自由

很有可能，穆勒此处思考的主要是宗教教义。然而，现在的政治套语、经济套语以及哲学套语也相当于某种教义。我们留意到，如今人们逐渐将政治解释成为追求自由而发声。这就模糊了政治诉求与追求自由的界限，这个现象多少让人有些介意。人们对追求自由的理解就是简单地否定，将自由等同于几乎移除一切，正如那句口号"免于匮乏的自由"[①]。但是，要时刻铭记于心的是，自由从何处来？自由有何用？自由为了谁？如今，在政治方面，自由是为了市场，其内涵是解除贸易和金融限制——解除限制就意味着给予剥削者剥削的自由，换句话说，就是让那些压榨劳动者的人赚更多的钱。

从前，"自由是让工人从受压迫的工作条件中获得解放"这句口号广为流行，与此相比，现在对自由的解

---

① 这是1941年美国总统富兰克林·罗斯福在美国国会大厦发表演说，提出的"言论自由、信仰自由、免于匮乏及免于恐惧的自由"。其中"免于匮乏的自由"指发展权问题，涉及劳动、教育、经商、文化体育等方面。

释其实显示出明显的反作用。如今象征主义支持这种以获利为目的的自由，比如"保姆式国家"①的出现不禁让人对早期的自由观念产生质疑。建设自由市场意味着延长工作时间、降低工资水平、削弱劳动保护——也就是说，劳动者正失去两个世纪以来一点点赢得的优势条件。这种强大的公平的确有号召力，但是，操纵金钱的人会发现，这种公平倒不如单纯地追求自由更有吸引力。

　　以上观点只是再一次向我们证明，我们的思想取决于许多未明确说明的假设和想象，这种关系非常像人类的物理寿命其实取决于隐藏于地面之下的能量转换，对此我们竟一无所知，这层关系确实很微妙。直到哪里出了岔子，我们才注意到竟然还有这样的背景因素。用更形象的表达来说，就是直到有强烈的异味从底下飘上来，我们才不得已撬开地板一探究竟。我常建议人们最好将哲学理解为自来水管道，这就是原因。哲学是服务于深层次的生活基础设施，即研究生活模式的学问，人们认为这些生活模式理所当然，因为他们从来没有真正地质疑过。研究生活模式是更深层次、更外向型的重要活动，而不仅仅是描绘

---

① 指过分干涉国民生活并对其实行家长式管治的国家。

当代思想与语言的结构图。这一点，知名学者，比如迈克尔·达米特①已进行过思考。

①　迈克尔·达米特（1925-），是英国牛津大学的哲学教授，当代著名语言哲学家和逻辑学家，弗雷格研究专家。

第十一章　对容忍的理解

十七世纪晚期，约翰·洛克（John Locke）与其他思想家提出了"容忍"的概念，体现了哲学——这一"自来水管道"的另一个用处。在十七世纪的大部分阶段，欧洲人都认为他们绝对不能忍受宗教分歧。如果他们没能就宗教问题的某一方面达成一致，他们就会一直战斗直到意见统一。与此同时，异教徒一定会遭到抨击与严惩。那时，人们认为不同观点可以相互依存这种说法本身就是有罪的，有缺陷的，会导致无政府的混乱局面。洛克最终得出结论，并在著作中写道，宗教之间的对抗没有意义，因为真相往往错综复杂，无法用一个公式表达。没有人能掌握全部真相，而且，事实上，人们对真相的掌握是不完整的、片面的，正因如此，人们反而可以和平共处。的确，这或许是将零零散散的真相最后拼凑起来的最佳解释。

当然，这里所说的"发现"不是既定事实的新发现，比如地球绕着太阳转。这里的"发现"包括注意到这个世界的现实，尤其是人们对束缚和矛盾的反应方式。但是，要"发现"这样的事实也需要人们改变面对挑战的方式，即做好准备以一种全新的方式理解挑战。这不是说要从不同的方向迎接挑战，而更像发明一种新乐器的同时，还要知道演奏方法。

洛克与他的伙伴必须学会如何容忍在那之前不被世人所接受的思想，比如，如何与此前有越轨行为和观点的人打交道。他们还必须学习怎样界定容忍的上限，还要判定哪些观点不在可容忍的范围之内。

事实上，和所有重大哲学思想一样，容忍的概念非常复杂，像一件复杂的乐器，比如大提琴和巴松管。为什么正确看待容忍如此困难？为什么还要思考容忍背后的观念？这就是原因。此外，还有一些要素构成了生活的基本框架，比如公正、公平、自由、怜悯、兄弟情和姐妹情——每一个要素都包含各种令人头疼的矛盾。这些问题虽然复杂，但也充满魅力。我们还是要从整体出发，仔细揣摩，奏响哲学的交响乐。

人们都认为，要过上有尊严的生活，以上是必备要素，而这些要素也曾经是启蒙运动的核心理念。但是，启蒙思想并不是永恒的最佳思想。启蒙思想也终究逃不出历史的局限。洛克和卢梭等哲学家通过大量艰辛煎熬的工作，提出自己的观点，在当时看来确有效果，但是，要继续发挥作用就必须努力跟上现代和未来的步伐，与时俱进，继续发展。无论哪个时代，我们都需要不停地思考，因为世界的真相就像这世界本身，错综复杂又瞬息万变。但是，这并不意味着过去的思想过时了，相反，思想之间的分歧仍然是问题的来源。我们现在必须以更加严谨认真的态度思考这些问题。

第二部分

关于科学的诱惑观点

　　假如有一幅世界图像，那么，这幅图一定是不同角度透视整体世界，读懂这幅图，意味着我们掌握了透视功能，可以把握未来。这就是哲学和其他学科的最大差别。

第十二章　世界图像的力量

探索之眼

哲学研究的真正目的是什么？对于这一点，我们是否有进一步的了解呢？

可以肯定的一点是，哲学的真正目标绝对不同于其他科学，比如晶体学或鸟类学的目标，诸如此类的自然科学呈螺旋式向内发展的态势，直到发现事实中某个具体的部分，而这部分有时就是既有事实。由此看来，自然科学的研究模式有几分像用现代研究理念指导的采矿工作。那么，更加宏观、能概括科学整体目标的目标存在吗？

这种目标具有高度概括性——它是所有具体事实及其关系的总和，因而这种目标与哲学的目的有部分交叉，因为哲学的主要任务就是解释思想之间的关系。毫无疑问，哲学呈向外发展的趋势，它总是在寻找有益的新联系，即新的思维模式和生活方式，我们现在就在这些新思维模式与生活方式的指导下生活。然而，具体科学关注的是特定领域的事实。

因此，核物理学家就是研究核物理方面的专家，随着对核物理的划分越来越细，他们对这些细分的部分研究得越来越深入。哲学家面对的是另外一条道路。他们要做的几乎是反方向的事，那就是为人类发现可以重组整个经验结构的模式，基于此，人类可以生活得多姿多彩。哲学家的任务就是为我们开拓眼界，带领我们看到从未有人见识过的景色。也许我们可以称之为"进步"，但是，即便我们称之为"进步"，指的也不是在同一段楼梯再上一个台阶。

当然，自然科学与哲学之间没有绝对分工。我们都知道，自然科学家有时要开拓视野，转变关注的重点，而哲学家同样也要处理很多细节上的技术问题。但是，从整体上看，自然科学和哲学背道而驰，不是因为它们视彼此为敌，而是因为它们的存在是为了满足人类截然不同的需求。一般情况下，核物理学家阐述观点的对象只能是有限的几位专家，他们都是核物理界大腕，同时也想在具体领域深入研究。

但是，哲学家的任务并非如此——可是有些人会错误地认为，哲学呈向内发展的态势。其实，哲学的任务是综合考虑与人类密切相关的各种问题。哲学将那些没有建立适当联系的生活不同方面建立联系，创造一个更具连贯性与合理性的世界图像。这幅连贯的世界图像不是私人财富，而是人类生活所需的食粮。

对人类而言，世界图像，即从不同角度描绘整体世界以及提出富有想象力的构想，是必备的生活背景。世界图像对我们至关重要，比事实性知识更具影响力。尤其是我们会注意到，即便明显与事实相矛盾，有些错误的、有误导性的世界图像也一直存在。举个例子，有很多证据表明气候怀疑论者的观点是错误的，但他们仍秉持自己一贯坚持的世界观，不做任何改变。

形状与结构

我们每个人都有世界图像，而且通常是从周围的人那里自动获取。我们一开始也没想到要问这些世界图像从哪里来。但是，非要深究这个问题的话，我们就会发现早期哲学家对我们的习惯影响如此深远，也许就是他们塑造了我们的世界图像。世界图像的细节常源自于权威之间的冲突碰撞。比如，天主教与新教的冲突就源自对《圣经》以及对圣徒圣保罗的矛盾的解读。后来双方疯狂地捕杀异教徒，互相残杀，异端立刻背上了罪名，付出了生命的代价。

结合已存在于脑中的世界图像，政治背景和想象背景将仇恨的根源扩大化。在这些影响深远的教义斗争中，不同派别间的恐惧和仇恨明显导致了很多无害的分歧，并在其中扮演了某种角色，解释了其存在的合理性。每个派别都有自己的名字，比如"天主教徒""清教徒""异教徒"或者"上帝的兄弟们"，只是名字就可传达出仇视、恐惧之感，然而，单从这些名字来看，还是不知道真正的分歧是什么。因此，哲学的任务就是增进互相理解，进而促成和平共处，这一点很必要，也是哲学存在的价值。如果有一天，政治或想象中的矛盾根源消失了，我们就会意识到，我们争论的只不过是些鸡毛蒜皮。

甚至在政治动荡发生之前，如果在适当的条件下发自肺腑地呐喊，机敏的哲学家就能向世人说明变革的必要性。启蒙运动中，卢梭以及同时代的思想家——洛克、笛卡尔、霍布斯、休谟、康德、穆勒、马克思和尼采都喊出了时代最强音。他们向世人宣传新思想，改变了那个时代的主要观念，他们的做法也影响着今天的我们。以此类推，启蒙运动以前也存在很多问题，柏拉图以及其他古希腊先贤也是这样做的。

长期存在的问题

一般来说，哲学不会过时，就像山川大河不会自行消失。人们需要一直思考，因为思考可以解决生活中源源不断的难题。自十八世纪中期以来，改革家一再呼吁性解放，当然他们也给出正当理由。他们认为性解放问题很简单，因为他们并没有考虑到要付出多少代价。雪莱（Shelley）[①]在他的长诗《心之灵》中留下动人诗句：

> 啊，我从来没有持有
>
> 一般人所抱有的信条：我不认为
>
> 每人只该从人世中找出一位情人或友伴
>
> 而其余的尽管美丽和智慧
>
> 也该被冷落和忘记……
>
> ……它成了
>
> 许多可怜的奴隶所走的轨道：
>
> 他们在世俗的通衢，以疲倦的脚步
>
> 走向死人堆中的家——坟墓
>
> 总拽着一个友伴，甚至一个仇人

---

① 雪莱（1792—1822），英国浪漫主义民主诗人、第一位社会主义诗人、小说家、哲学家、散文随笔和政论作家、改革家、柏拉图主义者和理想主义者。

看啊，这旅途多么漫长，又多么阴沉……

（查良铮　译）

正是由于这样的想法，雪莱抛妻弃子，与玛丽·葛德文①私奔。前妻哈利特投河自杀。而后来雪莱惊讶地发现自己已经失去了孩子的监护权。

类似这种悲惨的乱象在之后很长一段时间被政府漠视，直到二十世纪中叶，人们的行为方式发生变化，迫使政府对这类问题予以重视。自那之后，为了权利平衡，促进社会公平，政府做了诸多尝试。政府已经消除了很多明显的不公平现象，但是，我们也知道，最终的体系并不完善。

互相提出的要求自然充斥着矛盾。习惯在脑海中根深蒂固，有时会激化这些矛盾。这些矛盾塑造了我们的生活和思维方式，深深地扎根于生活的土壤，并以自己独特的模式继续发展，直到有人站出来，改旗易帜，重新思考这些矛盾。这就可以解释为什么有些人拒绝从哲学层面思考自身，而常陷入前人哲学家的思想无法前进：因为他们在无意中继承了前人的观点。根本就没有

---

① 玛丽·葛德文（1797—1851），英国著名小说家，英国著名浪漫主义诗人珀西·比希·雪莱的继室，因其1818年创作了文学史上第一部科幻小说《弗兰肯斯坦》，被誉为"科幻小说之母"。

什么可以逃离传统的思想真空地带，我们只是从当下继续前行。

我们会受过去的思想束缚的另一个表现是，我们的直接关注点是这个世界以及哲学前辈对这个世界的看法。由此，我们就能发现过去的思想与现在的生活有着怎样的联系。如果我们思考过两者之间的关系，就会发现前人的思想比最原始的版本更巧妙，而最原始的思想仍在传统观念中发挥作用（最明显的例子当属达尔文的学说）。事实上，前人的思想对今天的我们仍然有帮助。为什么这些哲学家在当时能够引人注意？其原因与其说是他们解决了某个问题，倒不如说他们从不同角度照亮了前行的路。他们提出新想法、新观念，更重要的是，提出了崭新的思考方式与生活方式。

当然，前人的方法并没有解决人类的全部问题。但是，每一种方法都给我们提供了新观点、新工具。我们用这些新观点和新工具持之以恒地追求平衡，并利用它们来理解这个复杂的世界。前人的学说影响极其深远，不仅仅是因为现在的人们仍爱引用一些马克思、尼采、柏拉图、佛陀或达尔文的名言，更是因为，从整体上看，现在的思想仍受前人的影响，我们都心知肚明，可是人们却一直没有意识到正是因为前人的思想，如今的思想才会异彩纷呈。

第十三章　历史不会消亡

　　"既然所有观点都会过时，那么我们现在可以选择忘记。"这种观点怎么会合理呢？过去的思想是前进路上的绊脚石，对生活产生巨大的影响，我们怎么能坐视不管呢？重点不只是——正如我前文所说——我们对前人的哲学思想有歪曲的解读，更是前人的哲学思想仍扎根于我们的传统观念。我们有必要揣摩前人哲学思想的细微之处，提醒自己不要受这些歪曲解读的侵蚀。除此之外，我们还要关注自然界中巍峨的高山，浩荡的河流，危机四伏的沼泽、毒井以及火山。我们要理解自然，因为生活的延续需要生活模式的支撑，而自然塑造了人类整体生活模式。自然仍是现实生活中的活跃因素。自然纷繁复杂，人类在探索未知世界的旅途中还有很长的路要走。事实上，学习哲学史的原因与学习历史相同：没有理解过去就无法应对当下。

　　这种观点在政治领域尤为明显。例如，十九世纪，西方列强相继走上强取豪夺的道路，吞并其他国家，争夺世界霸权。如果我们不了解这段历史，就别指望能理解前殖民地国家的人民十分憎恶西方国家的原因。十字军东征

（Crusade）这个专有名词含义模糊，有些危险，它仍不时地提醒人们要铭记历史的复杂性。我们也都知道中国人没有忘记鸦片战争。然而，我们也惊讶地发现，历史朝代的更迭并不是随机的接替游戏，而是像轮盘赌①那样，玩家轮流转动转轮。历史的发展脉络就是有机联系的连续体，各朝代则代表这一连续体的不同阶段。因此，历史会告诉你，你是如何一步步走到这里的。如果没有理解这一点，你就不可能理解现在的历史定位。

要理解政治，就有必要了解历史背景。要理解道德与精神生活，更有必要了解历史背景。缺乏历史背景，我们就无法理解现有矛盾。哲学正是在漫漫的历史长河中逐渐发展起来的。如果有学生想学习近二十年的哲学却不知道历史的重要性，那么学习成果一定不尽如人意。这些学生当然有理由愤怒，因为（正如我们预料的那样）错误的教学安排不仅没能让他们学到扎实的知识，影响了其世界观，还限制他们发挥想象力对生活进行解读。我们要了解生物进化的历史来解释人类现在的身体构造。同样的道理，我们需要理解人类的精神进化史来理解现在的精神生活。

---

① 轮盘赌（roulette）是一种残忍的赌博游戏。规则很简单：在左轮手枪的六个弹槽中放入一颗或多颗子弹，任意旋转转轮之后，关上转轮。游戏的参加者轮流把手枪对着自己的头，扣动扳机；中枪的当然是自动退出，怯场的也为输，坚持到最后的就是胜者。旁观的赌博者，则对参加者的性命压赌注。

对大部分学科而言，如果你打算从事这方面的研究，只要潜心研究方可。然而，哲学不只是专业化学科，也是一直在使用的学科，是连贯的、必要的背景活动。如果我们没留意到这一点，哲学研究就很可能变质。打个比方，哲学与开车或者花钱相比，其相似度要高于与核物理学的相似度。换个说法，哲学更像音乐，因为哲学主要对想象力产生影响。作为强大有力的背景，哲学首要地对我们的内心世界产生深刻影响。就像绕梁三日不绝于耳的美妙音乐，经典的哲学不会轻易过时。

想象力、信仰与战争

是绵绵不断的哲学为我们提供信仰的养料吗？

哲学影响信仰。因为哲学或好或坏地影响态度，态度进而影响行为。的确，大部分社会群体将生活的重心放在观念和信仰上。一些社会群体直接照搬，以行动直接展示。比如，在阿兹特克人①的信仰中，活人祭祀具有极高

———————

① 阿兹特克人（Aztec）北美洲南部墨西哥人数最多的一支印第安人，多信奉阿兹特克原始宗教众神，如"太阳神""月亮神""春神"等，特别是守护神"威济洛波特利"（战神），并以战俘祭奠神灵。阿兹特克文化的一大特色是喜欢用祭品。有这么一个传说：必须用人的鲜血供奉太阳，他才有力量每天从东边升起。用活人当祭品的数量更是可观，一天之内用掉数千人是常有的事。这些人通常被斩首或剥皮，或是活活被挖出心脏。他们被带到金字塔的顶端（最接近太阳的地方），让血沿着石阶流下。这是由于阿兹特克的经济主要依赖玉米的生产，而他们相信农作要有好收成得依靠祭祀鲜血才行。

的重要性。他们的生活也是围绕活人祭祀开展的。但是对其他人来说，阿兹特克人的信仰意义在于其想象意义和象征意义。

因此，如果问基督徒他们对战争与征服有何态度，我们会发现情况远没有那么简单。一方面，耶稣基督直截了当地说明他的王国不属于这个世界，禁止他的信徒以为他辩护的名义进行战争。但是，另一方面，当基督教开始掌控政权的时候，信奉基督的人与视上帝为敌的人矛盾激化，而双方十分愿意进行文字战争。

是什么让象征符号与现实生活之间的转换简单化了呢？那便是人类卓越的想象力。生动形象的象征符号将内心矛盾视为一种战争，因而圣保罗很愿意鼓励人们"为真道打那美好的仗"。君士坦丁将基督教设立为罗马帝国的官方宗教。由于严明的军事命令观念向来在罗马人生活中占据统治地位，很快罗马人也接受了新观念。那时罗马人使用的语言在象征意义与字面意义之间不断转换，这种转换在圣歌诗意的语言中尤为明显。因此，爱好和平的十九世纪市民激情澎湃地高歌《基督精兵向前进》：

神的儿子去打仗

欲夺王冠

染红旗帜的鲜血流淌不息，

谁还追随他？

当然，我们都知道这首诗的语言具有隐喻意义。但是，在我们如湍流般混乱的想象中，这些不同程度的含义没有保留差异。在本书的主旨中，很重要的一部分就是提醒人们，在官方信仰周围萦绕的梦、幻想与神话带领我们到达了如此遥远的领域，我们一开始想都想不到的地方。如果（只是如果）真的发生战争，滥用象征意义会让情况更加混乱。

1916年，我的父亲作为一名年轻的随军神父被派到了法国前线。战死沙场的士兵在临死之际期待父亲告诉他们，他们到底是为了什么而死。听到这些，父亲为之一振。那些不堪回首的过往改变了他对战争以及其他很多事情的看法。神父的工作就是用和平年代的象征性语言来掩盖惊骇的现实，但父亲决定不能再这么做了。虽然他还做着神父的工作，但他的主要工作和政治主张已经成了反对战争。当然，在父亲所处的文化环境中，大部分人认同象征意义与现实是一体的。但是，现实周围暴露的矛盾——即象征与现实经历的冲突——以前是，现在也仍是文化环境的重要部分。

第十四章　科学主义：新型镇静剂

当然，到目前为止我讲的内容都是为人熟知的历史。我们知道幻想与现实之间会相互转换，我们也知道这种转换是虚构的，也是想象力的常规工作。但是接下来我要讲的内容略微冷僻。我要说明一点，自然科学思想本身就具有强大的、有效力的象征意义。过去，宗教在文化中占据统治地位。但是，很多年前，科学思想继承了宗教在文化中的权威地位。现在，科学已经成为强制性原则的突出表现。我们必须相信科学，科学就是神谕，科学就是权威。这种风气对思考科学本身产生消极影响。

我们没有将自然科学看作现实中、在一定条件下成立的、有关重要事实性知识的根源。相反，我们崇敬自然科学，视其为全部知识的形而上学的来源。科幻小说也在为这种混乱局面推波助澜，为这混乱局面的产物注入强大的情感力量。物理和化学不再是众多学科中的两颗明星，而是成为超级太阳的一部分，知识的最终形式，所有学问的最终产物。其他思想只不过是为达成这一最终形式而形成的暂时的草稿。

这就是现在对科学的看法，即科学主义。如果你还质疑科学主义是否真的存在，那就来看看最近出现的科学主义的言论吧。劳伦斯·克劳斯（Lawrence M.Kranss）是美国亚利桑那州立大学的宇宙学家和物理学教授。在他的观点中，首先，他抛弃了哲学：

1. 所有哲学问题要么没有意义，要么用科学就能解答。

2. 科学家不需要哲学家。

在抛弃哲学的同时，他也抛弃了那些认为科学只是一种思维方式的体系，因为这些体系都包含哲学思维。接下来，他对科学的至高无上性作出解释：

3. 科学具有最高权威，因为科学以物理事实为依据——因而科学主张总能驳回哲学主张。

最后，他总结出科学现在所取得的权威地位：

4. 科学作出对现实基础的最终描述——即终极形而上学——科学改变问题，得出的是正确结论，而不同于没有意义的哲学问题。

《新科学家》杂志在其标题中明确体现了科学主

义，同时也用科学主义对希格斯玻色子^①的发现作出评价。希格斯玻色子被称为终极粒子。但是，《新科学家》杂志封面的评论却是"忘记希格斯玻色子。现在我们正寻找现实之源"。

克劳斯前两项主张似乎与最后一项主张有严重矛盾。科学规定（貌似是），科学不需要哲学，因为科学显然可以自主哲学思考（"科学为我们提供了对现实基础的最终描述——即终极形而上学"）。我们会提出质疑，既然科学主义主张科学的权威在于以物理证据为基础，又怎么能作出对现实的最终描述呢？"对现实基础的最终描述"必须适用于整个现实世界，不能依赖于具体物理事实。

尽管中间穿插着宗教战争，但舒缓的、安心的信仰让欧洲知识分子保持了1200多年的平衡状态。可是到了二十世纪初，这种平衡遭到严重破坏。很多人发现，不可能再寄希望于隐秘的、设想出来的基督教来维持生计，过上美满的生活。我们需要其他东西将之取代。因此我们需要科学主义。

---

① 希格斯玻色子是标准模型里的一种基本粒子，是一种玻色子，自旋为零，宇称为正值，不带电荷、色荷，极不稳定，生成后会立刻衰变。希格斯玻色子是希格斯场的量子激发。

认知与电路图

那么科学主义背后的观念是什么呢？一如既往，我们需要直接挖掘其背景，看看到底是什么恩怨催生了这场旷日持久的争论，并将科学主义带到台面上。早在十九世纪这场与名誉有关的争论就很激烈。其争论的是世界到底是由物质还是意识组成的——从根本上说，争论的是"科学或一部分人文学科，哪个处于顶端？"

这个问题不能仅凭某些具体物理事实解决，当然也不能用意识来解决。这其实是一个哲学问题，所以，要平息这场争论，就要像回答其他问题那样，更要理解争论的焦点是什么。要理解争论的焦点，我们首先要问："为什么意识和物质一开始就彼此对立，处于竞争的关系呢？"

现实生活中的物体是由什么"做成"的？这样的问题和我们上面提到的问题不是一回事。事物的构造问题是个货真价实的物理问题，由物理学回答正合适。但是，如果科学能够提供普遍适用的答案，那么科学就有可能从宏观角度帮我们理解人类生活。然而，人类生活要处理各种各样的问题。科学能为我们解答这些问题吗？比如，战争的原因，忧郁、乐趣、执念的理由、性和死亡的意义，等等。对于这些问题，自然科学无法为我们提供即时帮助。一般来说，自然科学与这些问题没有太大关系。

然而，科学主义坚持认为自然科学很快就能解答这些问题了——只要科学家完成现在的研究项目，科学就能为这些问题给出满意的答案。爱德华·奥斯本·威尔森（Idward Dsborne Wilson）在他那本巨著《社会生物学》中有一段振奋人心的结论，认为未来的社会学可以运用科学方法解决那些包含人类思想与情感的问题，因为社会学可以将这些问题简化为相应的潜在的大脑机制。威尔森这样解释他的新观点：

> （我们）必须等待完整全面的对脑神经元的解释。只有将人脑分解到细胞这个级别，并将还原的各部分呈现在纸上，再重新组合起来，我们才能弄清楚情感与道德判断的特性……我们可以从潜在的忧虑和对忧虑的反应次数来评估压力。认知机制可以用电路图的形式呈现出来。我们可以将学习与创造定义为认知机制的某个部分发生改变；而认知机制由情感中枢输入的情绪进行调节。对心理学加以拆分，新神经生物学为社会学创造出长期适用的首要原则。

威尔森（顺便说一句，他现在不这么说了）在1975年发表了丰硕的研究成果，代表了科学主义的巅峰，那一年也是科幻小说的巅峰。那时，诸如此类的主张从四面八方接踵而至，自然而然地就有了明显的回应："好，向前走，接着做吧。"大家专注地等待结果，但是结果却没有那么振奋人心。很快，人们便醒悟，不能只从潜在的忧虑和对忧虑的反应次数来评估压力，因为评估是一个与众不同的工作，需要不一样的概念框架。我们也不能单纯地认为将学习和创造定义为"认知机制发生的改变"，就能解决学习和创造引发的所有问题。如今，大脑研究持续推进，成果丰硕。但是，脑研究还是无法解答怎样将意识王国与物质联系起来的问题。

机械唯物主义认为物质可以回答一切问题，这种从整体上化繁为简的学说根本不是真正的科学。这种观点永远只能是意象、谬论、构想和信仰产生的行为作用的结果。正如卡尔·波普尔（Popper）[①]所讲，科学主义是一种承诺唯物主义，它建立在对物理研究方法具有高度自信的基础上，为解释未来出谋划策。科学主义对"物质"

---

① 卡尔·波普尔，1902年7月28日出生于奥地利维也纳，是批判理性主义的创始人。代表作品《开放社会及其敌人》《猜想与反驳：科学知识的增长》。

相当包容，认为从新角度，用"物质"就能回答所有可能出现的问题。这种看法的根据大部分来源于科学过去的辉煌，很少思考其对现在的问题是否适用。在现实生活中，不是所有问题都是物理问题，或者适合用物理学解答。

我们会进一步探讨唯物主义的内涵。在本书第二十章，我们会探讨唯物主义的兄弟——物理主义。

为什么有两个世界

但是在探讨物理主义之前，首先我们要仔细地探讨一下二元论的问题——在这里我们需要讨论的是，为什么首先将世界分为物质和意识两个部分。二元论一直处于发展之中，好像世界上只有两种不同的存在——或许就像铁和尼龙？因此，我们只得决定物质和意识，到底哪个是更根本的方面？

但是，将世界划分为两个部分，这种观念陈旧且无条理。二元论产生于十六世纪，因为当时提问者只能用两种成熟的思维方式来思考世界——基本上可以分为两类，一类是新物理学，另一类是神学，神学解释人类灵魂的命运。但是，没有合适的方法将两者联系起来，他们左右为难，不知如何选择。因此，笛卡尔做出决定（即便他不做决定，也会有人做的），神学与心理学的思维方式只适用于意识世界，而物理学适用于独立的物质世界。两者之间的唯一联系是它们都是上帝的工作。正如牛顿所言，上帝将他的两本著作给我们学习，一个是自然（Nature），一个是天启（Revelation）。两者都很重要，因为这是上帝的作品，但从更深层次上讲，神学完胜物理学。而在那一两百年间，大部分人，包括大部分科学家也心满意足地接受了这一观点。

自然及其缤纷的形式

然而，自那时起，情况有变。首先，自然科学的研究范围扩大，衍生出一大批不同的研究方法。这些研究方法与文艺复兴时期的方法不同，文艺复兴时期的方法高度抽象，只适用于具体的不同种类的研究主题。此外，这些方法又衍生出其他方法，以应对其他问题。历史学方法回答过去发生的问题；语言学方法解决语言问题；以及多元方法（meta-method），即哲学方法，用来理清所有学问之间的联系。也许最令人不安的是，以社会科学来解决与心有关的问题——解释人类生活中内心的复杂性。

简而言之，世界上根本没有什么彼此独立的存在。

意识是从某个观点出发看这个世界——即通过某视角，提出某类问题。物质是我们通过不同视角，提出不同类型的问题后所观察到的存在。物质与意识的差异更像闪电的变化而非物质转换。意识是主观世界，物质是客观世界。意识展现内心世界，物质展现外部世界。物质和意识不是独立的两个世界，而是同一个世界的两个方面。五彩斑斓的世界只有一个，属于全人类。物质和意识都是这个世界的两个真实的方面，都是生活的重要组成部分，存在于我们的现实生活之中。我们没有理由将那些神秘的形而上学的"物质"视为现实的客观存在，也不会将"意识"视为缥缈虚幻的存在。

社会科学会存在吗

与此同时，社会科学已承担起艰巨的任务，那就是解释这多边、多元结构世界的工作机制。我们也知道，尽管社会科学有时会出现错误，但是，我们仍然需要社会科学。不是所有科学都能简化为物理学，这种说法让科学预言家倍感震惊。刘易斯·沃尔珀特（Lewis Wolpert）①在

① 刘易斯·沃尔珀特，伦敦大学解剖学和发育生物学系应用生物医学教授，主要研究胚胎发育机制，有《致命悲哀》《发育原理》《科学的非自然本质》和《胚胎的胜利》等著作。

他的书中明确表达了对社会学的恐惧。他写道：

> 从某种意义上来说，所有科学都渴望趋近于物
> 理学，而物理学却渴望趋近于数学……虽然生物学
> 近来取得巨大进步，但是，与物理学和化学相比仍
> 然任重道远。但是社会学呢？社会学凭什么获得能
> 与物理学匹配的荣誉呢？

这凄楚的呐喊是对物理学的嫉妒，也刚好显示出科学主义之梦与科学现实之间的距离是多么遥远。沃尔玻特是著名胚胎学家，所以他非常清楚胚胎学不可能被改造成类似于物理学的学科，而且也不需要。胚胎学研究的是胚胎。设立胚胎学的初衷不是像物理学那样研究所有物质。因此，胚胎学使用的是适合胚胎学的研究形式。其他科学分支也是如此。这些科学分支没有必要结合或简化为其他学科，它们处于平行的地位，有时也可以合作。

但是，科学主义之梦仍然在追求一个理想化的"科学方法"，希望物理学能成为普遍适用的，能够解释世间万物的超级学科。沃尔玻特说过"从某种意义上来说，所有科学都渴望趋近于物理学"，这句话暗示物理学现在已处于至高无上的地位。在这里他仿照了瓦尔特·佩特

（Walter Pater）①的那句评论"一切艺术都以趋近音乐为旨归"，这句话的意思是艺术不能偏离其核心目标，但是就诗歌而言，不同的写作主题有自己的特点，诗歌就可以有些偏离。但是"物理学却渴望趋近于数学"这种观点未免过于极端：它暗示，科学根本不应该有主题，物理学最终可以一家独大。

但是，这只是个梦、谬论，或者说是幻想。物理学和逻辑学、数学不一样，不只包括常规的研究，还包括为我们提供关于这个世界的真实信息。而且，关于世界的真相，物理学从来没有不懂装懂。与其他学科一样，物理学也只是研究某一方面的学科，是抽象的，是从一扇窗户观察到的景色，从特定视角拍的照片。为了更好地运用物理学，我们总是需要结合其他学科背景以及海量非正式的知识，即常识。物理学不可能统治人类思想。事实上，物理学从来没有实现过克劳斯那狂妄的言论，即"终极形而上学——对现实基础的最终描述"。

_____

① 瓦尔特·佩特（1839－1894），英国著名文艺批评家、作家。他是二十世纪末提倡"为艺术而艺术"的英国唯美主义运动的理论家和代表人物，文风精练、准确且华丽，其散文和理论，在英国文学发展的历程中，有着很高的地位。

第三部分
愚昧与机器崇拜

随着科技的进步，自然科学指引发展新方向，人们对神明的崇拜逐渐削弱。与此同时，机器走入大众视野，由此带来的是对机器的狂热崇拜。这样的担心是否多余？

第十五章 力量斗争

内部空白

曾经有人寄希望于自然科学，认为它可以对现实基础作出终极描述，他们这样说的根据是什么呢？

当然，产生这样的希望有其历史渊源——两种形而上学和两个想象世界之间长期以来存在的冲突，以及两种观念的支持者之间不可避免引发的竞争。那么，我们应该支持哪个方法、哪种信仰、哪种生命观呢？从本质上说，这个问题也可以这么解释：我们能相信什么，什么样的真相才是最深刻的？对神学一如既往的信任由于接二连三的宗教战争逐渐被削弱。宗教战争给神学带来消极的政治影响，也让人们质疑，对神学这般信任的意义到底是什么？同时，牛顿以一种干脆利落的方式推动物理学发展，让物理学更加有理可据。正如亚历山大·蒲柏（Alexander Popo）[①]为牛顿题写的墓志铭："生个牛顿

[①] 亚历山大·蒲柏（1688–1744），出生于英国伦敦，是18世纪英国最伟大的诗人，杰出的启蒙主义者。他推动英国新古典主义文学发展。

吧，于是一切都被照亮。"有段时间，神学和物理学都为人们所接受。

然而，之后思想家的态度发生转变，他们认为物质是唯一现实的存在。随后，物理式叙述在日常思想中逐渐成为主流——有些人在激情鼓吹形而上学的同时抛弃意识活动。但是，如果不丢弃已成型的意识产物，比如科学，宣扬唯物主义就很困难。近来，憎恶意识的人失去耐心，他们也压根就没把这些微妙的说法放在心上，他们直接攻击意识。更让人惶恐的是，他们竟毫不留情地宣称意识根本不存在。真实存在的只有物理实体。弗朗西斯·克里克①（DNA先生）友善地与我们分享了他那令人瞠目结舌的假设：

你，你的悲、喜、记忆、抱负、自我身份认同和自由意志只不过是神经细胞集合体以及与神经细胞关联的分子的行为……之后，他又提到了《爱丽丝梦游仙境》，嘲笑道：人类只不过是一堆神经元的集合体……最后，他又回到了学术语言，用更强

① 弗朗西斯·克里克，英国生物学家、物理学家以及神经科学家。最重要的成就是1953年在剑桥大学卡文迪许实验室与詹姆斯·沃森共同发现了脱氧核糖核酸（DNA）的双螺旋结构。

有力的术语阐释这个观点……科学信仰就是意识，即大脑行为。大脑行为也就是神经细胞和其他细胞以及与神经细胞有关的分子之间的相互作用。

顺便一提，在唯物主义者的说辞中，"解释"就意味着"用自己的形而上学理论进行解释"，而克里克的说法就是这种"解释"的简化版。最近解释意识的各种方法中，丹尼尔·丹尼特（Daniel Dennett）①的巨著《意识的解释》一定是最复杂的例子。但是最普遍的说法，就像上面引用的，就是在劝说我们，自身的感觉只是幻觉：除了脑细胞，其他都是幻觉。

然而现在，这种莫名其妙的论调成为了科学界的官方言论，影响颇广。我不用对此做过多评价，因为最近我刚刚将《你是幻觉吗？》这本书写完，书中一直在探究"你是幻觉吗"这问题到底藏有什么玄机，特别还提出到底是谁来充当被骗者这样的问题。也许应该问一个更加尖锐的问题：有一些科学知识现在看来是理所当然，人人都懂。如果我们没有意识，这些科学知识从哪里来呢？如

---

① 丹尼尔·丹尼特，美国哲学家、作家、认知科学家。1942年出生于波士顿，1965年取得牛津大学哲学博士学位。其研究集中于科学哲学、生物学哲学，特别是与演化生物学及认知科学有关的课题。丹尼特是坚定的无神论及世俗论者。

果意识一直以来只是一把空壶，传达的仅仅是幻觉，那么，我们如何掌握了这么多知识，比如脑细胞的知识？

举个例子，克里克宣称他已经摆脱了记忆和雄心壮志。但是如果没有记忆，没有任何目标，怎么会用科学的方式进行思考呢？说到底，科学是人类思维的产物。科学只是方法大杂烩中的一种推理论证罢了。科学并不是那种能超越人类其他能力的神丹妙药。人类拥有一个巨大的工具库，科学只不过是最近才添进去的一套新工具而已。为什么所有人都要相信科学能为我们探索现实世界开辟捷径呢？

机器魔术

以上想法看上去确实有悖常理，你可能会认为这都是我编的。有名望的科学家真的会守护这不堪一击的观点吗？好吧，会的，因为我很早之前就提到过：人类的想象力是无穷的。

象征符号—意象—构想—梦—场景：这些的确都是大脑中深层次的意识，这里有对事物真正的理解。我们对理解进行简要总结，最终形成各式各样的科学，然而科学只是理解的影子。当人们普遍认同这些观点时，我们称之为直觉并致以最深沉的敬意。但问题是，构想代表的观点多彩绚丽，极具冲击力，理智有时候不知怎地就被构想所打败。现代科学开始崛起的重要时期，塑造所有科学推测的主流象征符号在当时还是挺新颖的——从本质上说，机器指的就是齿轮发条装置。时钟、手表还有自动装置都是那个时代的奇迹。

让我们吃惊的是，宇宙像一个巨大的时钟，宇宙万物就是这个时间机器里的一个齿轮或轮子。难怪学者都对这巨幅图景赞叹不已。机器突然现世，人体如同精心设计的机械装置，动物的行为也好像有灵性一样，这些都给学者造成冲击，也是情理之中，或许还给他们造成了精神创伤。正因为有了这样的认识，笛卡尔和他的同伴认为，现实中的动物其实也是自动机器——虽然没有真实情感，但是可以做出好像有生命的行为（这种观点也一直延续到现在：现在还有很多学者认为非人类动物是没有意识的）。随着时间的推移，意象逐渐发展成对生命的解释——这种解释让思维和意识成为了完全没有必要的存在。

很有意思的是，竟然没有人发现这种机械观根本讲不通。现实中的机器并不是生来就是这个样子。机器不是长在树上的果实。只有活跃的意识才能制造出机器，只有有意识的生物才能创造机器。事实上，机器是用来满足人类意图的工具。人类若想理解机器，就必须挖掘创造机器的目的。因此，机械意象也常有用处。机械意象不是在理解自然世界的进程中抛弃目的论——目的论就是从目的的角度出发解释现象。事实上，机械意象只是让目的的核心更加清晰明确罢了。

畏目的论机制

但是，现代主义者确实想抛弃目的论，因为他们认为目的论也有由上帝的意志进行解释这层含义。但是，他们误会了。目的论只是根据机能进行解释，根据事物服务的目的进行解释，就像我们要解释心或肝的作用，就要先明确它们在身体中起什么作用。亚里士多德创建了这种解释方法，根本没有考虑上帝的创造力；实际上希腊人没有上帝的概念。他只是注意到了不同的脏器有不同的职能，将其一一记录，称这种有实际作用的身体部分为器官（organa），或者工具——自然的工具，不是上帝的工具。有关器官的观点经证实的确正确，后来也成为生物学——这一朝阳科学的核心概念，生物仍然被称为有机体（organism）。当然，这种解释方法同样适用于解释机器。

很奇怪的是，人们竟自负地忽视了事物与目的的关系，还心满意足地认为可以撇开目的论来讨论机器。这种随便的态度让我格外惊讶，其中一个例子便来自约翰·塞尔（J.R.Searle）①，他在分析隐喻和字面意思方面总有细致独到的见解。在回答人工智能是否有可能的时候，他给出下面这样简洁的对话：

> "机器可以思考吗？
>
> 答案显然是可以。我们正是这种机器。
>
> 但是，人造机器也能思考吗？"

他又接着讨论这个问题，就好像有些机器是人制造的，有些不是人制造的。但他说的是隐喻，得出的只是没有依据的结论，因为人类不是机器。

这里探讨的是，机械意象散发出巨大的力量，或多或少影响了我们对这些问题的思考，非常像战争影响基督教思维，利己主义影响现代人对遗传学的讨论。机械意象在我们的脑中根深蒂固，已经成为了思维习惯，而人们却很少注意到，更别说批评或看到其中的危险性了。虽然机械意象在我们的文化中很快就会成为末流，但我们也要知

---

① 约翰·塞尔是当今世界最著名、最有影响力的哲学家之一。主要著作有《言语行动——论语言哲学》《表达式和意义——言语行动理论研究》等。

道机械意象是如何流行起来的。

新神学

机械意象之所以能流行起来，主要在于时机。当时，西方知识分子开始对宗教能否回答某些重大问题丧失信心，也对那等级森严的世界丧失信心。在此背景下，机器还没有出现什么大的失误，人们还没有对机器失去信任。因此，机械主义这一新神谕开始萌芽，逐渐占据上风，人们宣称机器是能够解答重大问题的最终权威。在这之前，人们将神秘的、无限强大的力量归因于上帝，从那之后人们的观念有所转变，将这种力量归因于机器——当然不是当时的机器，而是机器的后代，即有发展前途的未来的机器。与此同时，他们认为遇到困难的时候要寻求帮助，但求助对象不是上帝，而是自然力量在当下的代表——科学家和技术专家。

这就引出了一个很有趣的问题，科学家和技术专家到底能提供什么样的帮助呢？毫无疑问，早期宗教信仰的确有错误，但是对那些信仰宗教的人来说，宗教所呈现的世界图像至少与他们的内心观念更贴近——比如爱、宽容、纯洁、尊敬、勇气、忠诚和同情心。这些观念很复杂，有时也很矛盾，但却真实存在于日常生活之中，观察得到，是生活的重要组成部分。这些观念让拥有共同信仰的人们走到了一起。超机械化观念就这样接替宗教。相比之下，超机械化背后的观念其实一点也不复杂：机器让我们看到了一个耀眼的优良品质——效用。为了弥补效用的薄弱点，机械观给我们许下了无限性的诺言——但是也存在不确定因素——即在未来某个时间会收获财富和成功。

这份诺言自然具有吸引力。今天，如果在解释自然世界中碰了壁，学术中的超自我会告诉我们只要寻找导致困难的机制就好。我们可以肯定，这机制就是表面现象背后的真实原因，该机制也能告诉我们接下来该往何处走。发现背后机制的关键就是科学，因为科学与现实存在——物质——表面现象背后的内容密切相关。

内在性与超然性

我们需要的就是这样的解释吗？或许在此我们应该问的是迄今为止神创论有何意义？神创论有两个方面。一方面是超然性，自然以外存在力量强大的造物者。另一方面是内在性，在那些被创造出来的生命体内也存在自然创造的倾向。

从现在的观点来看，达尔文的进化论轻易地抛弃了超然的造物者，尽管在我们的社会生活和个人生活之中，超然造物者的重要性依然可见。但是，新达尔文主义发现了内在创造者（immanent creator），即成长。成长是所有地球有机体的内在核心力量，这是一种真实的力量，我们必须对其致以敬意。我们肯定还会问，为什么一颗橡子经历重重磨难长成了橡树，而不是石竹或马上腐烂呢？

我们都知道，为了解释这种朝着某方向释放能量的现象，达尔文给出一个简单的理由——自然选择，在某物种的祖先一代，可替代的物种彼此竞争，适者生存。这样就可以解释，那些后来长成橡树的橡子存活率高于那些没有长成橡树的橡子。当然，在现在的背景下，对于那些已经存活下来的物种来说，自然选择有理可循。但是自然选择可以解释从一颗小种子发展成为一个树种的所有阶段吗？自然选择可以解释为什么发展的道路是这一条而不是那一条吗？自然选择（比如）可以解释为什么人类能进化出研究高等数学的能力，以及为什么高等数学一开始没有传授给其他物种的后代吗？

达尔文没有想这么多。他简单明了地解释道，现实生活中，生命有机体世世代代繁衍生息。然而自然选择不可能完美地解释一切。在《物种起源》出版之后，他很生气地重申自然选择的概念。他写道："歪曲的力量真是强大。"

　　然而在这个问题上，大部分达尔文的支持者只是无视它，现在也是。一开始自然选择的内涵很简单，达尔文的支持者就是被这种简单所吸引，认为自然选择是生物进化的唯一解释。如果某方面发生了变化而他们又无法从中提炼出能解释进化的选择优势，他们就会编一个出来。但是，仅依靠一种解释肯定行不通，因为一种解释的适用范围实在太小了。毫无疑问，在现在的条件下，用自然选择就可以解释某一种符合现有条件的竞争。但这只是一种可能性，因为现在我们都已经了解两种竞争倾向，以及双方必须要适应的整个条件背景都是现成的。我们就不必决定接下来要向哪个方向出发。

　　没有超然的造物者和出类拔萃的设计者，我们就不清楚这种引领发展方向的背景是如何产生的。自然选择是适应性选择的机制，进程缓慢，又有各种不确定性，如果我们想用这一机制来解释地球上所有生物有秩序的发展过程，不言而喻，我们花费的时间要比可用的时间还要长，而且我们也要弄清楚为什么物种在进化过程中要选择这种特定的进化历程。个人指导对我们而言没有什么必要。进化需要的是路标——即方向的指示标。

趋同、宗族的形式和叶绿素

进化不是在每个关键分岔口，根据可替代事物的偶然分配，朝每个可能的不同方向前进的过程。如果是这样的话，只会导致混乱局面。与之相反，在进化的过程中，有很多物种会进行合作，以整齐规划的方式自成一类，最后世界上的生物可以归纳为有限的几个种类。同一物种在进化过程中各有各的"发明"，比如叶绿素、骨架、蜘蛛丝、壳、皮毛等等。每项"发明"都有适用的领域，之后逐渐稳定成型。也有其他进化过程，比如轮回（我们也许会认为轮回更有可能）。其他进化过程时有出现，但始终没有成为大势。我们也很清楚，物种分类绝不单单是遗传和自然选择的结果，因为自然界中有非常多的趋同现象。在趋同的过程中，各个生命体起源不同，又彼此独立，但是它们都会运用相同的方法来解决共有的问题。

说起趋同，最著名的例子当属相机眼（camera-eye）了。人类很幸运，我们拥有这种复杂又精妙的器官，而且至少还有八个和我们不是同一物种的生物也拥有相机眼，其中包括和人类在基因上相去甚远的普通章鱼（八爪章鱼）。纵观我们这个充满了无限可能性的世界，趋同非常常见，也是正常现象。

由此产生的是，比起其他形式、其他可能性，总有一些有机体的发展形式和可能性更具有神秘色彩和吸引力。英国古生物学家摩利斯将这种独特的发展模式比作一张地图，在这张地图上我们可以在一大片没有标记的海域中找到一座孤岛——那就是复活节岛[1]：

> 在混沌理论[2]中，对"吸引因素"来说，稳定性意味着相似。"岛屿"具有稳定性，因此趋同现象会在此发生……比喻意义上的复活节岛是怎样坐落于此的？趋同是帮助我们理解这一点的线索，既然太平洋上的复活节岛被海洋垃圾包围，那么这想象中的"岛屿"也许同样有生物居住的可能性。我认为大部分生物空间不会被侵占，也不可能会被侵占。

———————————

① 复活节岛位于南太平洋东部，向东距离智利大陆本土约3600公里，南纬27°，西经109°。荷兰航海家罗赫芬于1722年4月5日复活节发现并登上该岛，该岛因此而得名。当地人则称之为拉帕努伊岛。这个岛在地理上属于波利尼西亚群岛，位于群岛东端，是世界上最偏僻的岛。

② 混沌理论（Chaos theory）是一种兼具质性思考与量化分析的方法，用来探讨动态系统中（如：人口移动、化学反应、气象变化、社会行为等）必须用整体、连续的而不是单一的数据关系才能加以解释和预测的行为。

这种不平等表现为这些替代品比那些替代品更具有
吸引力。这为我们构建了一个更加简单的发展模式，而不
是新达尔文主义者目前一直在追求的一边倒的、一概而论
的发展模式。这种发展模式更加现实。这里再次引用摩利
斯的话：

　　现在大家普遍认为，生命的历史就是一个依条
件而定的混乱状态，生命的进化过程会因灾难性大
灭绝中断一段时间……然而，进化的知识告诉我们
事实恰恰相反：趋同现象非常普遍。每个生命都有
有限性，假如有限性不是不可避免的，那么生物呈
现出各种各样的生物特性的可能性非常高。

　　简而言之，进化不是由某个偶然因素确立，各个
竞争者随意排列组合的发展过程。现在，我们发现进化
过程虽然缓慢，但就像稳定的波浪，朝某个明确的方向
前进。水流明显是在回应某些早就存在的现象，比如信
风，信风让水流朝某个方向流动。显而易见，整体在向某
个方向移动。

　　在这种背景下，目的论再一次有了意义。"进化一
定是一个随机的，无目的的过程。"其实并没有什么特别

的理由，这种耸人听闻的观念就被奉为一道简洁强硬的圣旨，但现在我们不会再固执地这样认为了，这种设想只不过是理论家擅自树立的偏见而已。我们现在有理由提问，为什么有些动物会挖洞，有些动物会飞，有些动物有外壳，人类要建大学？我们现在可以认真思考一下，哪种生活方式才是生活的真谛？

当然，此类问题，进化论者已经问过很多次了，他们对目的论带有偏见，但也没有为此感到愧疚。在这么多问题当中，有关相机眼的问题具有典型意义。为什么这么多动物将自己仅有的那点资源奉献给极其昂贵的相机眼呢？正如摩利斯指出的，答案就是，动物作为终端，他们要集中力量塑造自己的意识、观察力和理解力，进化出相机眼只是这种努力中的其中一部分，甚至会以牺牲某些身体机能为代价。

事实上，关于生命的客观事实就是，对生物来说，提高对这个世界的认知非常重要。这当然就可以解释，无论上帝是否将内在倾向给我们展现出来，所有生命都有要提升认知能力的内在倾向，这样有真实价值的产物不仅仅是宗教观念或非宗教观念的偶然结果。宗教之树一开始得以苗壮成长，内在倾向是一部分基础。内在性也是科学的根基。

科学主义也来自于内在性。对知识的渴望，以及同样对周围世界有更深刻理解的渴望也来自内在性。和其他理性活动一样，科学主义也一直渴望对周围世界有更深刻的理解。但是，科学主义却使用不同寻常的排他性言论。科学主义认为，自然科学不仅仅是知识的重要部分，而且还处于知识的核心地位，填充了整个知识的天空。根据科学主义的观点，其他知识——历史、诗歌、哲学、道德、神学、艺术、社会科学，这些知识目前为止看来还有必要——但是却退居次要地位，变为临时建议、边缘艺术。或许经自然科学或物理学确认过后，这些学科的成果才会被视为正确。

知识与价值

如今有望拯救人类的，不是我们熟悉的思维方式，而是人类特有的智力上的进步，即技术，主要靠突飞猛进的电子技术。将来，电子技术可以将机器与人类相结合，而且它将（我们短时间内也可以看到）引导我们解决有关奇点①的问题。

我们对未来机器的可靠性颇有信心——现在机械主

---

① 物理上把一个存在又不存在的点称为奇点。

义如此强大，但是也不能将其定义为科学的宗教，因为这种机械主义缺少个人情感，而个人情感恰恰就是宗教救赎的核心。机械主义不会带给我们熟悉的人类情感，比如信徒对耶稣、圣母玛利亚以及阿波罗的爱与感激，也不会带来我们所期盼的道德引导。机械主义不会告诉我们，离开实验室之后，我们应该过怎样的生活。物质属于机械主义范畴，机械主义在解释物质问题方面占据绝对的道德权威。机械主义发出的指令主要就是人类应该不断扩充科学知识。

这已是老生常谈了。科学研究需求与道德需求相矛盾时，我们总能发现那些情操高尚的理论家认为科学研究应该排在首位。雅克·莫诺（Jacques L.Monod）①就是一位给人留下深刻印象的预言家。他解释了科学与道德的关系，并告诉我们：

> 为了给知识制定标准，客观原则给价值（value）下了定义；价值就是客观知识本身……创造现代世界的知识伦理学，是唯一适合于现代世界

---

① 雅克·莫诺是20世纪中期一位杰出的分子生物学家。他和F.雅各布等人一起在分子水平上探讨了基因的调控机制，创立了操纵子理论。这一理论在生物学史上具有划时代的意义。

的伦理学；一旦理解和接受它以后，我们就将发现它是唯一适合于现代世界的伦理学；一旦理解和接受它以后，我们就将发现它是唯一能指引现代世界进化的伦理学……至于人类高尚的品质，如勇敢、利他主义、宽厚豁达、创造性的抱负，知识伦理学既承认它们的社会生物学的起源，又肯定它们服务于它所规定的理想事业的崇高价值。

最后依我看来，知识伦理学是一种合理的观点，同时也是一种坚定的理想主义的观点，这些观点可以作为建立真正社会主义的基础。①

简而言之，人们认为唯一具有真实价值的就是对真理的追求——不只是旧真理，还有通过自然科学发现的关于这个物质世界的真理。其他想法或标准除非也服务于追求真理，否则没有价值。

当然，以前也有类似的言论。柏拉图和亚里士多德都以其独特的形式阐述了精神活动的重要性要高于其他人类活动。在那之后，他们通过对内心诉求和命运进行宏观的、深刻的描述来支持他们的观点。现在，对现实生活的

---

① 《偶然性和必然性：略论现代生物学的自然哲学》，雅克·莫诺著，上海外国自然科学哲学著作编译组译，1977年8月。

研究还没有得出更进一步的结论。我们只是理所当然地认为，我们需要更多的物理知识，然后运用这些知识制造更多机器。人们认为这种"未来"观站得住脚，但是，只有对这一愿景的正面描述支持这种观点。

第十六章　迷失的人类

　　这些强有力的言论都说明，熟悉的构想、众所周知的强大意象可以转变我们的道德观并取代我们眼前的事实。正如我之前所讲，人类的想象力比我们知道的强大得多。当然，想象力用处极大。它给我们带来了新的全景、新的观点，这些都是新想法和新发明的源泉。但如果我们不想取得新发展，它会为我们规划一个逃生路线，如果我们急于拒绝改变，它也会在其他地方分散我们的注意力。我们一味增加抵触情绪时，它显然不管不顾所有常规的争论过程。

　　这就是为何有些人有自己偏好的想法，且往往对常见的争论免疫。这也是为什么他们往往偏爱原始、幼稚的想法。战斗意象就具有明显的原始吸引力，而保姆国家①幼稚的情感意象足以蒙蔽双眼，让人看不到气候变化

---

　　① 过去30年来，政府扩张的一个更令人不安的趋势是收集法律、法规和具有约束力的法院判决，这些法律和法规构成了"保姆国家"。这些法律和法规代表着政府最傲慢的一面。他们的信息很清楚：政治家和官僚比你更了解如何生活，管理你的健康，抚养你的孩子。美国前总统罗纳德·里根曾经说过："政府的存在是为了保护我们彼此不受伤害。政府已经超越了它的限制，那就是决定保护我们不受我们自己的伤害。"

这令人担忧的现实。同样，将生机勃勃的世界看作机械集合体，把人类视为工程师或是其中的齿轮，这种观念掩盖了独立性与自发性这些人类的核心力量。穆勒主张自由讨论，强调这种核心力量：

> 真正重要之处不仅在于所为何事，还在于何人所为。人类的创作品理所应当地完善和美化人类的生活，其中应该首要完善的无疑是人类本身。试想有一批人形的自动机械，建造房屋、种植谷物、打仗、开创事业，甚至建造教堂和诵经祈祷；假设有这种情况，我们把居住在更文明开化地区的男男女女都换成这样的机器人，那无疑是一项可观的损失，这些机器人肯定将会变成自然界的饿殍标本。人性不是一架按模型建造并按规定完成工作的机器；它更像是一棵树，得依靠内在的生命力成长为有机体，并从各个方面生长和发展自己。

在穆勒写了《论自由》仅仅几个世纪之后，头脑清醒的知识分子竟然拒绝他关于人性这棵树鼓舞人心的看法，他们竟然坚持认为人类很快就会成为机器。这难道一点都不出乎意料吗？他们积极自豪地声称人类越来越像机器，他们预测，将在他们之后统治地球的人本质上就是机器，这难道不奇怪吗？我们必须对这些论说的意义提出质疑。但按照我一贯的风格，我想先回顾一下，这种想法是如何产生的？

机械崇拜的征兆

19世纪初，计算工具日益精细，通过人造机器实现人类机械化的梦想开始萌芽。这些机器产生的是智力上的成果，而不仅仅是物理上的成果，所以，当时的人们将机器当作独立的思考者。但更值得注意的是，这一震撼人心的观念逐渐流行开来，影响力很快就逐渐扩大。比如，1847年，《原始陈述者》的编辑R.桑顿对最新发明的四功能计算器作出这样的回应：

学者不费脑力，只需转动曲柄就能得出答案。这样的机器如果被学校引进，会产生不可估量的负面影响。但谁又知道，这些改造之后的机器，它们就想不出可以弥补自身的缺陷、进而想出许多人类不可理喻的想法呢？

关于新发明的机器有很多毫无关联的回应，以下只是其中两种观点——一种观点是担忧新机器会破坏现有的技术，另一种观点认为新机器带来无限潜力，可以取代现有的技术。后者标志着一股强大的荒诞的观念开始形成。支持第二种观点的人认为，新机器不是供人类使用的新工具，而是新同盟或新顾问，新的力量源泉，或者是能够超越并拯救人类的创新思想者。的确，这种观点将这些机器视为超越人类的存在。因为这种观点假设机器可以"修补自身缺陷"，这显然是人类做不到的。去相信我们前途未卜的机器后代有自我修复的力量，简直是自信心爆棚。

就这样，19世纪刚刚过半，英国知识分子开始对上帝失去信心，所以，正当他们庆贺脱离迷信的那一刻，一系列新鲜的超自然的存在——有意识的机器出现了。机器作为新的技术替代品取代了上帝和自然的地位。塞缪尔·巴特勒（Samuel Butler）①的小说《埃瑞璜》（Ereuhon）就表达出上述的观点，巴特勒认为将来会出现有意识的机器，这是合理的，他写道：

> 谁也不能保证……机器意识最后能发展到什么

---

① 塞缪尔·巴特勒（1835-1902），英国作家，《埃瑞璜》是一部"反乌托邦"讽刺文字经典。"Ereuhon"是"Nowhere"（乌有乡）的倒写，在埃瑞璜之国，疾病应受惩罚，而道德上的堕落和犯罪却得到宽恕。

程度，况且现在的机器几乎没有意识。软体动物也没有多少意识。回顾过去几百年间机器取得的非凡进展，反观动植物王国的进化过程如此缓慢。与过去的时间相比，与其说条理有序的机器是昨天出现的生物，倒不如说它是五分钟前才出现的生物。

为什么巴特勒理所当然地认为，机器不仅是高等生物，还是达尔文主义和斯宾塞主义支持的适者生存物种竞赛中的一员？这难道不是迷信吗？为什么他根本就没有提是人类行为的变化才创造了这些机器？难道在他看来，新的机器群体好像与其他物种的竞争者一样，完全是被自身内在的进化力量所驱使的吗？巴特勒忽视了人类生活中机器产生的社会因素，即引发整个工业革命的社会因素。难道这些被人们忽略的因素不是不折不扣的事实吗？

机器掌权

也许这并非巴特勒本意。总的来说，《埃瑞璜》这本书与其书名的字面意思相去甚远，从各个角度剑指达尔文的观点，我们必须自行体会这种微妙的反讽与讽刺。然而，很多读者确实像巴特勒一样对机器掌权的想法照单全收，最典型的莫过于阿兰·图灵。1951年在一篇名为《机器智能，被视为异端的理论》的论文中，他写道："一旦允许使用机器的思维方法，就凭我们那微弱的智力，机器超越我们指日可待……所以未来某一天，机器有望控制人类；比如采用塞缪尔·巴特勒在其著作《埃瑞璜》所提及的方法。"

这种观念真的很荒谬。机器将如何成为掌控人类者的候选人？机器又将如何从解决人类精心挑选的理论性难题，一跃成为统筹安排人类全部生活的存在呢？变奴为主，从解决人类选定的高度抽象的难题转变为完全掌控人类整体发展的图景，机器该如何办到呢？

我们都明白，当今世界，解决处理战争问题、治理全球环境，或是让对立派系达成协议，等等，这些重大的实际问题不能只靠聪明的头脑。除了高智商，大脑中还要有大量存货。

通常情况下，应对这些重大问题的人，首需的是现有的切身经验，而非天赋异禀。我们都知道，实践经验往往十分冗杂，而且，切身经历是机器永远无法得到的。这些人一生与各种人打交道，有丰富详细的人际交往记忆，以揭示新任务中的特殊难点并提供解决问题的思维方式。没人能提前预知解决这些问题的思维方式是什么样的，所以，机器绝对不可能设计或生产出这些思维。实际上，即便一个人真的告诉机器，希望它能做到这些，即便机器也真的能给出一个理性的回答，答案也一定是："不可能！"

机器能带领我们走出困境吗？当然有人已有过这样的尝试。现在，研究这些难题的人使用机器以确保他们得到最佳信息，以此确定主要问题并找到优质的解决方案。

但决策者在选择政策总体方向的关键时刻，在必须确定目标和问题之前，总会遇到瓶颈。他们不能将这项工作交给机器，这仍要依靠个人技能、性格、信仰、态度、感觉、受教育程度、独特经历以及自身价值观。这些人面对的实际困境不是国际象棋那样标准的、有固定模式的难题，而是难题的浩海，是矛盾的现实因素的集合体，充满不确定性，而且这些因素可能导致的结果谁也无法预料。所以，管理者们顶着巨大压力在迷乱的大环境中工作，没有哪个机器能在这样的迷乱中找到自己。

第十七章　神谕

寻找确定性

当人类在这样的情况下迷失，通常的反应就是寻找一个神谕，一个能帮他们做出下个决策的所在。过去，人们希望能从神明那里得到神谕。吕底亚国王克洛伊索斯，去希腊德尔斐阿波罗神殿请求神谕，询问是否要攻打波斯。女巫告诉他有一个帝国将会陨落（这倒是真的，只不过毁灭的是他自己的帝国）。后来，对有神论失去信心的人们开始在书本里寻找神谕，比如《利维坦》和《资本论》。最近，人们又想到了机器，即用谷歌搜索神谕。

用机器搜索确实很有吸引力。机器的确能为一定范畴内的问题给出靠谱的答案，而且，其中很多是人类根本回答不了的问题。但是，机器可以理解的问题都是正式而特定的，是可以轻易地量化的问题。而且，这些问题也尚且不是人类必须处理的紧急的实际问题的主要部分。

相反，大背景下的问题通常都可塑性较低，更繁杂，非量化但依然至关重要。大背景中不仅包含很多道德难题，例如："我必须遵守这些规章制度吗？"或者"酷刑永远是错误的吗？"还包含各种各样的实际问题，比如："我们该怎样力排众议，建立一个以酷刑为基础的监狱体系？"近几十年来，拓展机器能力的希冀、愿景和梦想愈演愈烈，人们希望这样可以搞定所有关于大背景之下疑问的忧虑。要是在过去，这肯定要被诟病为一种怪异的迷信。这种迷信也是一种信仰。人们相信，在未来的某一天，非人类的智能会与人类的思想相结合，并为所有难题提供可靠的神谕。若未来的某天，这真的如我们所料，现在我们将那个时刻称为奇点（singularity）。

第四部分

奇点和宇宙

　　2035年的一天，人工智能会超越人类智慧吗？如果人类被越来越依赖的所统治，我们终将走向何方？在自然科学盛行的当下，重视意识的作用才是人类的终极出路。

第十八章　什么类型的奇点

令人担忧的未来

如果说奇点不只是谷歌上的拓展延伸，那么，奇点到底是什么呢？

在日常用语中，"奇点"（singularity）这个词只出现在无任何恶意的情况下，通常意思是奇怪、怪异和独特。但是，除了这层字面意思，多多少少它还有些数学含义，比如"所有平行线相交的点"，或"一个稳定的变量达到无法测量或无限值的值"。最近，科学家将此类概念集合到一起，形成了一种叫作"技术奇点（Technological Singularity）"的观点，现在这个词用来描述未来某个阶段发生的深刻变化。到那时，机器智力超越人类智力，机器更聪明，而人类更像机器，也有可能人和机器相互结合。

目前，这种观点被大众热切支持。加利福尼亚有一个蓬勃发展的机器智能研究所（之前叫奇点研究所）。该研究所致力于研究包括人工智能安全性在内的各种问题，也就是说，机器的权力越来越大，越来越像人类，我们要寻找不被机器攻击的方法。雷·库兹韦尔（Ray Kurzweil）①，自称未来学家，也是奇点大学（Singularity University）的创办者，他认为到了2045年，机器智力会超越人类智力。相反，自从1956年"人工智能"这个词出现之后，哲学家诺姆·乔姆斯基②一直谨慎地思考人工智能的方方面面。他认为奇点就是个虚构的概念。针对"机器比人类聪明，可能会毁灭人类，我们是否要时刻保持警惕之心"这个问题，他清醒地分析道：

> 我们的确应该担忧人类的灭绝，但我们忧虑的不应该是机器。我们该担忧的是，人类一直在破坏和平与生存的可能性。我们应该担忧的是最近联合国政府间气候变化专门委员会作出的报告。但是，奇点只是科学幻想小说中才会出现的东西罢了。
>
> 我们在讨论机器时，出现了误导倾向；人们总觉得机器就像是《星球大战》里那个可爱的小机器

---

① 雷·库兹韦尔，奇点大学创始人兼校长、谷歌技术总监，毕业于麻省理工大学计算机专业，曾获9项名誉博士学位和2次总统荣誉奖。
② 艾弗拉姆·诺姆·乔姆斯基（1928–）美国哲学家，其著作《句法结构》被认为是20世纪理论语言学研究上最伟大的贡献。他对后结构主义和后现代主义对科学的批判持有强制异议。

人R2-D2。

　　机器就是程序。桌子上有一个设备，你将程序置入那个设备之中。设备本身可能除了能压住纸张之外没什么用处，其实它就是一个镇纸……但它可以运行程序。程序本身只是一套理论而已……你问其他任何理论同样的问题，它们会给你什么观点和见解吗？

这番现实主义言论立刻就封锁了铺天盖地的机器被赋予生命的想象。从塞缪尔·巴特勒时代开始，早期有关拟人化机器的论调不分青红皂白，引导人们将想象中的未来机器鼓吹成巨型的，与人类相提并论的存在。乔姆斯基认为，不管机器是拯救我们的天使，还是要超越人类、迫使人类走向灭亡的魔鬼，这整个故事都是由幻想所误导的，分散了我们对人类真正困境的注意力。没有了那些捏造的桥段（他说的），那些有关非人智力的言论即便再怎么危言耸听，再怎么诱人，也是无稽之谈。

　　而且，有关非人智慧的言论本身也不甚明朗。人们常认为阿兰·图灵是解答机器智慧难题的守护神。然而，他在一篇著名论文中探讨了机器人是否能够思考的问题，他认为这个问题"没什么意义，不值得讨论"。同样的，乔姆斯基在讨论同样的问题时，一开始就讲道，离开这些戏剧化的意象，人工智能的整体概念处于绝望且朦胧的状态：

> 非人智力这一术语通常出现在机器编程的过程中……让机器模仿人类行为某些方面的努力，可以理解为一个科学项目。为了更好地理解，我们可以建一个，比如说——为了进一步了解昆虫导航，我们可以建立一个昆虫导航的模型，或者生产出一个有实用性的机器人，用来更好地打扫卫生。这是人工智能技术的两个要点。人工智能发展历程有60多年，却从来没有人类给出过任何有关思想的本质、行为组织方式的见解，当然，这也在我的意料之中。

这确实在意料之中，因为这两个目标无法合并，实际上是相互矛盾。创造有用的工具就意味着要模仿现代人类某些特定行为习惯，不断进行调整，而调整的目的在于提高工具的实用性，而不在于深化对行为的理解。通过模仿创造出的工具的能力取决于现阶段我们对思维运作的模糊理解——实际上我们对思维的运作机制知之甚少——因而，这样的"模仿游戏"并不能提升我们对思维的认知。

因此，尽管开发自动驾驶汽车这类事物很实用，但对心理学研究毫无贡献，也无助于我们去了解使用自动驾驶系统的人，而理解"人"才是我们面对的真正的难题。将人类化的机器和机器化的人类相结合，创造出更具实用性的混合体，这有些痴人说梦，但只是创造新工具，却无法让我们理解这一疯狂的想法。

奇点与模因

讨论这样一个疯狂的想法也许是浪费时间。学术上的标准曾这么认为。曾经，人类在合适的试验方法出现之前，有必要将这些想法冷藏。但如今互联网上充斥着各种喧嚣的提议，将我们淹没，我认为冷藏已经行不通了。奇点现在已经被广泛讨论，他们自认为这场讨论很重要，好像说点什么才合乎情理。

的确，于我而言，在这个时候讨论奇点与和讨论模因[①]的立场相同。大约三十年前，模因一度被严肃地看作是值得尊敬的科学实体和文化基因，是社会进化中一个重

---

① 模因（meme）在诸如语言、观念、信仰、行为方式等的传递过程中与基因在生物进化过程中所起的作用相类似的事物。模因是文化的基本单位。通过非遗传的方式，特别是模仿而得到传递。

要因素。确实，模因论曾一时被看作是生物进化中的一个有用分支。但是，随着对模因的研究不断深入，很快，人们就清楚了人类从来就没有用合适的方法认真地思考过基因与模因之间的类同。

　　实际上，文化与拥有基因的生物从本质上来说是不同的。文化及其构成因素正在改变传统的形状，文化不是可以用标准方式复制的固定实体。所以，文化并非由与基因相对应的标准部件组成。此外，人们很快便意识到，那些一开始被命名为模因的事物，比如流行歌曲、细高跟鞋和犹太宗教法律，它们完全是混合体，而基因呈现的是固定的、永恒的形式。可以说，模因与基因没有一点相通之处。除此之外，随着对表观遗传影响的理解逐渐深入，人们清楚了，与模因这一概念首次提出时相比，基因在进化过程中的中心地位被削弱了。

　　因此，进化论者们很快对基因与模因的争论失去了兴趣，"模因说"也很快从正统的生物学中消失了。但"模因"这个词存活下来了，时常在社会学中出现，而它的意义却很是含糊不清。在我看来（虽然我不是什么够格的未来学家），这个与奇点有着某种联系的词汇也必然面临着相似的命运。我们可以有理由地推测，如果2045年没什么特别的事情发生，而且在那之后也没有一个合理的解释，那么，这个预言可能很快就会被遗忘，取而代之的将是接下来可以激发大众想象力的新预言。

人类理解力的终点？

回到"奇点论"本身———这个预言是什么意思？不同的预言家对这一惊人变化的形式所持观点都各不相同。但大家都一致同意，奇点将会诞生于"人工智能、基因学、机器人技术、虚拟现实、生物技术和纳米技术"的融合之中。它可能会集中在一个极小的设备，或在一组设备之中并不断不断地缩小，最后，现在能装进口袋的设备甚至可以置入一个血细胞之内，与身体产生直接联系。但贯穿此设想的主题是，这是一个全新的事物，现在人类的思维还无法理解。因此，斯塔尼斯拉夫·乌拉姆（Stanistaw Ulam）[1]在1958年写下了他与约翰·冯·诺依曼（John von Neumann）[2]的对话，其中冯·诺依曼说道（乌拉姆转述）："技术不断加速发展……这会让我们认为，我们正不断靠近历史竞赛中的某个重要的奇点，若超出这个奇

---

[1] 斯塔尼斯拉夫·乌拉姆（1909-1984），数学家，美国艺术与科学院院士、美国国家科学院院士。

[2] 约翰·冯·诺依曼（1903-1957），原籍匈牙利，布达佩斯大学数学博士。20世纪重要的数学家之一，被后人称为"计算机之父"和"博弈论之父"。

点，正如我们所知，人类将无法继续前进。"冯·诺依曼断言，奇点就是一个点，超越了这个点，技术进步的速度之快、复杂程度之高将超出我们的理解能力。

新开端

这样的言论具有极大的冲击性。冯·诺依曼的言论可以直接当作一首挽歌，一首最终的安魂曲，用来安抚人类尝试理解技术所做的所有努力。然而，还有很多理论家拒绝冯·诺依曼的结论。他们的信念是人类现有的智慧最终会失败，非人类后代——机器将会与人类合作来维持平衡，最终取得成功。因此，I.J.古德认为这一伟大的言论预示着新开端，亦即一个可以得到积极反馈的循环，在这个循环中，拥有人类思维的机器可以自我改造，自我提升，一旦启动，该机器的能力将急速提升，并创造出超级智能：

> 无论人类多么聪明，我们将超智能机器定义为可以超越人类所有智力活动的机器。既然设计机器也是人类的智力活动，那么，超智能机器肯定能够设计出更好的机器；毫无疑问，一场"智力爆炸"将随之出现，人类的智力将被甩得远远的。因此，

第一台超智能机器将是人类创造的最后一台机器。

而且，我们之前讲过，库兹韦尔预测这场巨变不久就会发生，可能就在2045年前后，在那之后：

> 人工智能非常强大，而且使用范围更加广泛。人工智能可以以递归的方式改进自己。这也可能导致失控：从某时起，人工智能的能力急速膨胀，可能导致我们无法预测的后果，很快就发展到这样的程度……变化的速度之快让我们始料未及，如果不通过技术提高人类的智力，人类就跟不上了。

第十九章 能测量智力吗

谁理解了什么

读者应该注意到了，这些关于未来将无法预料的预测，是如何被那些认为改变会带来某些后果的自信预言家所秉持的。然而，这绝对不是这种思考方式中最失败的错误。其实，"智力"一词的概念起初就脱离了实际。

诸如此类的预言将智力看作一个可以量化的事物，一种标准的、不变的、像在蛋糕中都能找到的砂糖一样的物质——这种物质，如果倒得多了，其性能标准就会提高。而这种荒诞的预言与人脑中的智慧和思维根本沾不上边。这种形象化的描述就好比，期盼孩子成长为轧路机，还自认为合情合理，理由是他们已经长大了，而且稍加训练就可以去碾平马路了。这两个例子中，都没有能让这样的进步成为可能的连续性。

问题就在于人类生活中其实包含不同类型的聪明与智慧，因为我们要尝试从不同角度进行理解，而且应对特定的挑战也需要与其相契合的恰当方式。这就是诺姆·乔姆斯基所坚持的观点，即我们所谓的"智力"实际上包含多个方面，是各种能力的集合，是适用于应对特定主题的"认知模块"。因此，我们的语言学习能力形成了独特的神经系统，与我们的视觉系统和免疫系统相配合。语言神经系统在处理人类语言和代码时极其灵活，但还是存在局限性。如果与外星人进行交流，由于彼此的语言建立在截然不同的原则上，我们的语言神经系统就没有用武之地了。正如科林·麦金所说，这种情况下，"任务和工具不匹配……就像用一个鸡毛掸子硬去砸坚果一样"。

事实上，理解并不是在地上挖洞这样简单粗暴的操作。它不仅需要强壮的臂膀和锋利的铁锹，更像是凭借手中那孤零零的拼图碎片去寻找适合它的整张拼图。为了找到这张拼图，你必须找到属于这块碎片的环境。

举个例子，你听到有人一直说"aqua"这个词，但你不知道他们在说哪国语言。只有当你猛然想到，他们说的可能是意大利语，你才会将听到的这个词恰当地理解为"水"，然后通过这个词，你就抓住了他们谈话的内涵背景。要取得这样的效果，要么会些意大利语，要么很好地掌握人类行为来理解一些手势姿势，这样才能明白人们试图传达的通俗含义。即使提前获取了提示，我们还是得经历麻烦的解码活动，先集齐线索，然后勾勒出主体模式，通常这种工作比上述例子要难得多。

要做到真正的理解不仅仅需要抽象锐度——一种在测试智商的时候会测量并记录下来的能力。理解更倾向于我们自身的兴趣方向，倾向于我们对生活中某方面锐利地觉察的热情，并选出其中最重要的方面。我们夸一个人真聪明，更多是指他具有敏锐的洞察力。洞察力是指，人可以分辨出在特定领域什么才是真正重要的因素，而不仅仅指广义上的能力。况且，人与人的兴趣不同，对于同一问题的看法也会有分歧，这一点比预想的更加复杂。理解更多来源于动机而非能力，而机器——这可怜的东西，压根没有动机。

我们在尝试为不同的情况安排合适的人选时，就注意到了这种兴趣的多元化。所以，鲍勃可能会成为一名出色的数学家，但他仍然选择当一名绝望的水手。而蒂姆是一位厉害的领航员，但他根本应付不来高等数学。我们该怎么评判他们两个谁更聪明呢？在现实生活中，将人们的天赋量化，然后简单相加，创造一个组合出来的天才，期盼着能够找到这号人物，我们从来不会犯这样的错误。我们都知道制订计划的人都想找到探索活动的领导者，要么从候选者中选一个，要么就把他们全都派出去。每个人独特的能力源自于对特定主题的特殊的兴趣，而这种天赋无法测量，这天赋是性格的一部分，不可分离。

实际上，"智力"这个词并不具有像"温度"或"重量"这样可计数、可测量的属性。它是一个像"实用性""稀有性"这样具有概括意义的词语。而且这样的词通常在具体环境下被应用。"牛顿为什么比莎士比亚更聪明"这个问题和"锤子是否比刀子更有用"一样没有什么意义。世上不存在万能的工具，也根本不存在万能的智慧。之前我们也提到过，机器在计算过程中所使用的智慧是正规化、专业化，从本质上说是量化的。严格地说，这种智慧是负责处理专业技术问题的左脑的工作，与右脑的工作没有什么连贯性，也与大背景和我们的生活没有什么连贯性。所以，只以单一的智商作为尺度判断智慧从正常水平上升到超过已知的最高水平，纯粹是误导，是天方夜谭。

很不走运的是，我们已经习惯于把智商（IQ）挂在嘴边，智商这个词，暗示抽象意义上的智慧确实存在。我们之所以常讨论智商，是因为我们已经习惯进行"智力测试"。为了入学或入院治疗这种很简单的目的，用某些设备将人简单地分门别类，量化人的能力。这会让人们以为智力的确是一种可以量化的存在。但是，只要人们还在使用智力测试，很明显的是，即便出于简单的目的，智力测试所得出的结论也未免太过笼统。任何一个理智的人都不会信赖这些结论，更不用说将智力测试当作头脑体温计，去测量更为复杂多样的能力。没有深入地理解具体事物，光从理论上提高智力是没有任何意义的。

这意味着，弗诺·文奇（Vernor Vinge）[①]笔下关于后奇点世界的两个预言绝对不是对未来世界的正确描述。文奇是这么写的：

> 不久我们会创造出超越人类智慧的智慧。如果梦想成真，人类历史将到达一个奇点，一场智力变革，如同黑洞中心那打结的时空，任何物质都无法穿过。到那时，世界的发展程度将超越我们的认知。

> 不出三十年，我们会拥有创造超越人类智慧的技术手段。此后不久，人类的纪元将会终结……我认为可以将这一事件称为奇点。这个奇点意味着人类必须丢弃现有体系，创建新的现实规则。我们在一步步逼近这个奇点。奇点在人类事务中的重要性

---

① 弗洛·文奇（1944—）美国硬科幻作家，是赛博朋克流派中活跃至今的作家。

日益凸显，直到奇点这个概念成为老生常谈。如果真的到达这个奇点，那时人们一定会面对巨大的惊喜，以及无尽的未知。

这些都是假想，语言模糊不清，什么也没表达清楚。汉斯·莫拉维克（Hans Moravec）①也是这样的描述：

> 人造的机器愈发聪明，如果与动物智力的进化过程做对比，虽然不是很严谨，但也可以为人造的机器的发展方向提供一些指引。无计算机的工业机器展示了单细胞生物的动作灵活性。现在由电脑控制的最优秀的机器人相当于较简单的无脊椎动物。十年来，计算机能力以千倍规模增长，大概可以造出具有相当于爬行动物感官和行动能力的机器。对机器人进行适当的配置，它们就可以在现实世界中做现在个人电脑在数据世界中所做的工作，代替人类成为缺乏想象力的奴隶。下半个世纪，计算机技术继续发展，超越爬行动物阶段，创造出可以像哺

---

① 汉斯·莫拉维克，卡内基–梅隆大学移动机器人实验室主任，作品有《智力后裔：机器人和人类智能的未来》《机器人：通向非凡思维的纯粹机器》。

乳动物那样进行学习，像灵长类动物那样进行模仿的机器人，最终可以像人类那样理性思考。根据你的观点，人类将制造出可以与人类相媲美的后代，或者超越遗传的局限，将人类自身完全更新进化。智能机器再也不会被漫长的学习和生物进化过程限制，它的体积会缩小，以更高的效率完成自己的工作，直到粗糙的物理性质转化为精细的人类思维。

根据未来得出的观点

最令人惊讶的无疑是，这些宣言体现出的友好和虔诚的态度。如果我们真的期待发生无法控制的巨变，我们势必会瑟瑟发抖，还需要一切可能的预防措施。相反，这些人对未来的展望，以一种充满敬畏的宗教式语气在等待这些神话发生。弗诺·文奇的言论根本不像是在提醒我们常见的危险，而更像是一个虔诚但缺乏想象力的信徒预言审判日的声音。为什么他对此如此雀跃？汉斯·莫拉维克却用枯燥乏味的、如实的口吻讲述他那仿照动物发展历程的假想，还懒得解释机器的进化是如何影响人类的。难道我们要被动地走下去，就像现在人类指挥机器那样，今后的人类也要受机器的指挥？或者我们就这么灭绝了？

值得注意的是，上述作家没有一个人能像塞缪

尔·巴特勒在《埃瑞璜》第二十四章中向世人发出警
告。巴特勒在第二十四章中这样描绘：生活中的机器越来
越多，埃瑞璜居民对此惴惴不安，这不安最终让他们完
全抛弃机器。正如巴特勒所说，现在我们之所以将人类
文化的机械化视为必然趋势，是因为我们正在努力使之
如此：

> 现在，人们认为兴趣就在于追求机械化。人
> 们呕心沥血只为制造出更优质的机器。人类已经成
> 功制造出很多一度看来不可能成为现实的机器，机
> 器一代又一代地不断升级优化，似乎这是一个没有
> 尽头的过程。我们要时刻铭记于心的是，数百万年
> 间经历的各种偶然与变化造就了人类现在的形态，
> 但是，人类器官并不像机器那样保持快速进化的状
> 态。这也是最令人忧虑的现实，我重申这一点也情
> 有可原。

巴特勒的话令人震惊，因为他提到了常常被忽视的
一点：人类把精力、时间和思考全部奉献于研发高智能的
机器，而非处理其他人类事务，这必将扭曲人类生活。
这不仅仅是丹尼尔·丹尼特所强调的，也是困扰着乔姆

斯基的问题。然而，巴特勒并不感到困扰，和如今很多的预言家一样，他满怀恭敬，接纳了对机器的痴迷，并将其看作是必然发生的、让人肃然起敬的大事件。他认为这是人类经过商榷后做出的独断的选择，这种选择很容易就会转变，他的态度更加坦然，也更加现实。他预计这将是场灾难，他的态度比我们之前提到过的悲观的奇点论者更现实，他没有断言机器会完全征服人类，而是认为对机器的过分执着必然会扭曲人类生活。

惧怕机器，这种心理活动不仅出现于维多利亚时代。最近，泰德·卡辛斯基重申对机器力量的担忧，他在《论工业社会及其未来》一文中写道：

> 人类可能会轻易地让自己滑落到一个完全依赖机器的处境，滑落到不能做出任何实际选择，只能接受机器所有决策的地步。随着社会及其面临的问题变得越来越复杂，而机器变得越来越聪明，人们会让机器替他们做更多的决策。仅仅是因为机器做出的决策会比人的决策带来更好的结果。最后，第二阶段将会来临，在这个阶段，维持体系运行所必需的决策已变得如此之复杂，以至于人类已无能力明智地进行决策。在这一阶段，机器实质上已处于

控制地位。人们已不能把机器关上，因为他们已如此地依赖于机器，关上它们就等于是自杀。[1]

除了机器"越来越聪明"的积极预测，卡辛斯基所说的似乎很有道理。"智慧"应该是指普通意义上的现实卓越，而非指用在如今这些效率机器上的特殊意义。

所以，如果我们相信泰德·卡辛斯基和巴特勒的猜想，那么，哄骗了文奇的猜想可以说是自欺欺人而且毫无新意。我们将愚昧导致的困难归咎于巨大又不可控的宇宙力量，而且不愿正面应对这些困难。

另一方面，莫拉维克的猜想更加荒诞，旨在完全颠覆进化论理念。他期望机器能模仿并复制动物的进化过程。他认为最终的必然结果是机器可以"像人一样理性思考"。机器规模缩小，效率提高，"直到粗糙的物理性质转化为精细的人类思想"。就像J.D.贝尔纳那部天马行空的乌托邦小说《世界，众生和恶魔》中发生的：最初设想为唯物主义的乌托邦却变成了唯心主义的乌托邦，结局是精神完全抛弃物质。

---

[1] 中文译文基于1996年中国文史出版社《轰炸文明——发往人类未来的死亡通知单》，原译者王小东。

第二十章　什么是唯物主义
还有，什么是物质

令人担忧的模棱两可

《牛津英语词典》这本大部头倒是很清醒，它绝不会闹着玩，对"唯物主义（materialism）"这个词进行变形。相反，它从两个相去甚远的角度来解释唯物主义。第一个含义是，世界完全是由物质及其运动和变化构成；第二个含义指对物质需求和物质欲望的执着，以及对精神需求的漠视。

正如上面所讲，对唯物主义的两种解释模棱两可。如果想探究一个词怎样做到既有抽象的、相当技术性与本体论层面的含义，同时还与日常生活相联系，那么我们只需像之前那样，回顾人类活跃的想象力构建的象征主义即可。"物质需求"主要是指食物和性，以及登不上大雅之堂的世俗利益，如金钱。然而"精神"则指一些更加振奋人心的东西，故而很上档次。

而且，目前，我们不甚了解这两种道德范畴是如何与这种将世界形而上学地分为物质和意识的分割联系到一起的，而且联系手段相当简单粗暴，此外还有很多无疑是负面情感，如仇恨与报复。这些都属于精神范畴而非物质范畴。还有很多物质需求，比如人与人之间的爱，这份爱指引人们触碰、拥抱所爱之人。因此，这类司空见惯的象征主义并不能树立一个可靠的道德指标。

这也是哲学家最近开始避免使用"唯物主义"这种模棱两可的词汇，而用"物理主义"作为替代的原因。据《牛津英语词典》解释，物理主义（physicalism），是由维也纳学派的逻辑实证主义者根据以下观点取的名字，即一切现实存在都可以还原为某类特定物理实体，或者如卡尔纳普所说，一切科学都可用物理语言表达。

这一改变使理论家们想到了一个简单明了的方法，就是将严肃的本体论①与对人类行为日常粗俗的道德说教隔离开来，但是从日常化描述转为用专业语言描述总要付出代价，而且代价高昂。如果"物理实体"是指只能由物理语言描述的存在，那么，日常生活中几乎不存在什么物理实体。物理学从不讨论面包和苹果、纸和笔、男人和女

---

① 本体论（Iontology）是探究世界的本原或基质的哲学理论。从广义说，它指一切实在的最终本性。这种本性需要通过认识论得到认识，因而研究一切实在最终本性为本体论。

人、砖头和水泥。物理学描述的是更为抽象的事物，比如固体和液体、质子和电子、真空和黑洞。

维也纳学派的哲学家们并没有试图更准确地重新定义这个物理世界，更不用说更加充分地描述它。他们的主要目的是以更具启发性的方式重塑语言，以便摆脱人类的主观因素，尤其是摆脱灵魂之说。他们如此关心这个主题是因为他们在为无神论者辩护，他们的定义就建立在所有反宗教运动之上。在二十世纪初的维也纳，他们旨在代表启蒙运动中一部分更广泛的驱动力量。虽然维也纳现在仍然是神圣罗马帝国以教会为中心的首都。

以此为背景，我们发现了许多近期出现的有趣变化。谷歌的Ngram数据库显示，二十世纪以来，"灵魂（soul）"一词的使用频率持续下降，但到了二十世纪八十年代中期，出现了惊人的逆转：英语中"灵魂"一词的使用频率比"大脑"的使用频率更高。这个词的广泛使用是源于灵魂乐（soul）作品增多并广为传唱，但"灵魂"的使用绝不止于音乐界。正如艾瑞克·奥斯丁·李和塞缪尔·金伯利尔在那部生动有趣的《响亮的灵魂：对人的形而上学和活力的反思》（2015）一书中写道：

关于是否需要用死亡的假设来表达生活经验

的某些方面，仍然有一些令人费解的地方。为什么"灵魂"这个词仍然那么有用？……从历史角度来看，人"被赋予灵魂"（ensoled）的想法并不是没有情感的假设，而是来自一系列有关培养人类潜能和活力的实践。理解这一点，也是为了理解为什么尽管学术界有一些相反的主张，但我们仍然要着手处理有关"灵魂"的问题。

威廉·戴斯蒙德①这样描述达丝蒂·斯普林菲尔德②的歌声：

> 歌手本身并不是欢愉兴奋的传播者，灵魂才是……歌声将静如止水的心煽动起热情、激情，心情或多或少产生了一些改变，歌手要先发自内心喜欢这首歌，它才能成为惊世之作。即便在科学时代，有关灵魂的讨论仍然存在，人类是不会轻易丧失灵魂的。

---

① 威廉·戴斯蒙德是一位爱尔兰哲学家，撰写过关于本体论、形而上学、伦理学和宗教的文章。他是美国黑格尔学会和美国形而上学会的前任主席。

② 20世纪英国女歌手。

正如奥斯丁·李和金伯利尔所说：

现在"灵魂"一词在英语中常用来形容无生命的事物，而非人类，比如有灵魂的食物和无灵魂的快餐，灵魂音乐和深情音乐，听我朋友说，他的兰令三挡变速自行车也是"有灵魂的"。

同样，我曾经看过一个"灵魂风印度爱尔啤酒"广告。我们以前可能认为这场对"灵魂"的讨论没有任何意义。但现在我们可能不会这么认为了，一部分原因是关于"灵魂"的盛大讨论意味着灵魂肯定有意义，另一部分原因是类似"无灵魂"（souless）这类词语的使用恰恰反映出灵魂的意义所在。"灵魂"有关活跃、活力、生命力、精力，灵魂把这些词和人类主体的自发性连接在一起，人类主体重返舞台中央，并拒绝接受维也纳学派这样的科学清教徒发起的"一切现实可还原为物理实体"的清洗运动。

人类执拗的坚持

然而，维也纳学派在过去的一个世纪里，一直致力于去人格化的工作，他们依然十分重视最后的雄心壮志。史蒂芬·平克（Steven Pinker）顺应号召讨论人工智能，立刻高举反对人为因素的旗帜：

> 托马斯·霍布斯认为推理就是计算，这一想法相当精炼，也是人类历史上最伟大的思想之一。二十世纪，阿兰·图灵在一篇论文中写道，简单机器可以完成所有可计算的函数。这篇论文也证实了，物理计算具备理性这一观念是正确的。说霍布斯的想法伟大，原因有二：首先，他从自然主义的角度来理解自然，驱除机器中超自然的灵魂、精神和鬼魂。其次，这是人工智能的开端。人工智能即可以思考的机器。人造的信息处理器原则上可以复制并超越人类大脑。

但是，现在看来，霍布斯的想法明显有错误的地方。霍布斯确实说过一切推理就是计算。在还原论的推动下，他在之前的想法基础上更进一步，称所有推理只是加减法而已。他打算以这种明显解释不通的规则来证明，无

---

① 史蒂芬·平克（1954.9—）是一个著名的加拿大实验心理学家、认知心理学家和科普作家。因广泛宣传心理学和心智计算理论而闻名于世。代表作：《语言本能》《思想本质》等。

法还原为数学名词的学说都是"面包芝士事故或非物质存在"这样没有意义的东西。

但是，无论霍布斯的目标多么值得称道，他关于推理的言论总的来说没有什么根据。"推理"实际上涵盖极其广泛的思维活动，如琢磨、沉思、推测、比较、深思熟虑、定义、询问、冥想、疑惑、争论、怀疑、提议、建议等。如果没有这些思维活动，我们就不可能得出正在追寻的可靠的。合理的结论。由此可见，霍布斯谈论的对象从来不是图灵机器这样的非人类机器。虽然霍布斯可能会喜欢非人类机器，但是，在他那个时代，人们甚至想都没想过非人类机器的存在。

实际上，平克的观点清楚地表明，维也纳学派所谓的"物理主义"的概念是多么费解晦涩。的确，除此之外，他们就还原论的整体含义提出了严肃的问题。现实可以全部还原为物理实体，这句话是什么意思？毫无疑问，如果兔子煮熟了，我们会发现兔子的确是由一些物理实体组成的。但这并不能证明煮之前，它是死兔子或是只假兔子，或者只是幻觉。一开始那整只兔子绝对比煮熟过程中产生的化学物质更加真实。的确，除非我们打算回到柏拉图的超现实概念，否则，将现实按不同程度加以划分没有什么意义。

理解力与现实

与生物描述相比，化学物理描述是否描述得更明白、更易懂呢？如果是这样的话，这只意味着它可以成为一种更简洁、更抽象的概念方案，而不是通俗的生物学解释 —— 一种更接近抽象的北极点的——纯数学的方案。这个过程通常称为"解释"（explaining），而人们就这样使用"解释"这个词，好像它的意思就是"解释全部"（explaining completely）。因此，就像我们在第十五章中提到的，克里克告诉我们："科学信仰就是人类的意识，即大脑行为，可以用神经细胞（和其他细胞）以及与神经细胞有关的分子之间的相互作用来解释。"他认为这个过程是对思维性质的完整描述，没有什么好解释的。显然，克里克的解释中没提到的就是不存在的，所以，他否认意识的存在，认为意识就是幻象。

但是，究竟为什么就要遵循这种观点呢？去解释某事就只是回答其引发的任何问题，通常我们会遇到很多这样的问题。人们会一直从不同角度解释"思维"或"兔子"，而思维或兔子也会像最初的状态，真实又复杂，融入不同的概念体系（conceptual scheme）。实际上，解释需要更宏观的背景，在这样的背景下，两种思维方式都有意义。

第二十一章　对客观的狂热崇拜

灵魂恐惧症

正如我所说，维也纳学派的哲学科学家们并没有试图更准确地重新定义物理世界，当然也没有试图更全面地描述它。他们也没有试图重新定义现实本身。他们只是试图将"日常用语"简化为抽象的技术术语。这样一来，这些术语就不再受到那些不受欢迎的社会观念的影响，例如意识和生活本身。鲁道夫·卡纳普（Rudolf Carnap）[①]声称，所有的科学都可以用物理学的语言来表达，这意味着正确的科学描述下的（比如说）一个苹果将首先被翻译成一个化学术语的语句，继而被翻译成更抽象的物理术语。但是很明显，这种简化的尝试无法传达必要的背景概念：树木和水果、成熟和被吃，且不说这些根本无法解释明白"苹果"这一概念。这既然无法成功地描述苹果，也很可能无法有效地描述任何事物。

[①]　鲁道夫·卡纳普，20世纪著名的美国分析哲学家。经验主义和逻辑实证主义代表人物，维也纳学派的领袖之一。他认为，哲学就是语言的逻辑分析。

事实上，物理学和它的母体二元论一样，没有适当的方式来描述生物，也没有生命本身的概念，所以才发明出"生物学"这个词及其所描述的科学。这也是维也纳学派仅用物理语言描述现实的计划根本不切实际的原因。这个计划是一个庞大的、不可行的思维意识清洗运动的一部分，是从日常生活到平克观点的一场飞行，即他对霍布斯式简化观点的一小段看法，"完成了对宇宙的自然理解，驱除了机器中的神秘灵魂，灵体和鬼魂"。这种认为理解已然完成的信念，是现代科学的一个安全的组成部分，是我们正在讨论的"现代"还原主义信条的一部分，当今，许多人力劝我们要相信这种信条。玛丽琳·罗宾逊在她那本巧妙命名为《意识缺席》①的书中，巧妙地称之为"门槛神话"。正如她所说，在我们称之为"现代"的时代，这种潜移默化的熏陶已然形成我们教育中的一部分：

①　玛丽琳·罗宾逊，2005年普利策小说奖得主、2009年橙子小说奖得主。
《意识的缺席》（Absense of Mind，2011年耶鲁大学出版社出版）一书对后现代无神论者提出了挑战，他们在科学的旗帜下反对宗教。玛丽琳认为科学推理并不像理查德·道金斯这样的思想家所说的那样，代表着一种逻辑无误的感觉。相反，在最纯粹的形式中，科学代表着对答案的探索。它涉及知识的问题，意识之谜的一个方面，而不是提供一个简单、终极的现实模型。

我从小就被教育去相信集体知识经验确实跨过了一个门槛，我们进入了一个被称为"现代思想"的领域，而且我们必须将自己融入其中……（没有人告诉我们这一重要事件的细节，也没有人认为这很重要）我们从达尔文、马克思、弗洛伊德和其他人身上学到的，是对现实的深刻洞察，甚至是对历史的深刻洞察……

支持现代主义共识的思想流派之间是根本不相容的，如此不相容，以至于不能集体支持一个大的结论……（但有一个）核心假设仍然没有被挑战和质疑……（它）搪塞了个体思想的经验和证词，将其排除在考虑之外……现代性赋予我们伟大的新真理是，既定的世界是偶然的产物……曾经被声称，而现在已经被证明，传统西方宗教的上帝不存在……人们认为一种空虚已经进入了人类的经验，人们认识到，可以通过上帝未赋予我们的、推演的规则，来发展和加速对物理世界的理解。

平克随意地、极其自信地引用托马斯·霍布斯"一切推理就是计算"这个正统学说，这在这个时代很常见，除了将其归因于哲学家而非科学家。这一信条通常被认为是基本科学，由一些科技发现或其他发现而建立，比如发现地球非太阳系的中心，尽管这和发现地球不是平面并没什么区别。现代正统学说至少可以追溯到16世纪，与臭名昭著的"中世纪"相比，它只能被称为现代。

然而，正如罗宾逊所说，科学主义信条也与许多后来的诸如达尔文、马克思、弗洛伊德，以及其他那些反对过时宗教的著名人物联系在一起。它的主要功能不是摆脱上帝，而是通过消除人类相关的主题来支持唯物主义。就像平克所说，它驱除机器中的神秘灵魂、精神和幽灵，为抽象科学腾出空间。

构建真空

因此，这种"现代"的科学至上的观点并没有摆脱二元论，而是不出意料地保持着一种奇怪的、站不住脚的多样性，这种多样性使物理学作为过时物质的倡导者，反对过时的精神。它所破坏的不是迷信，而是个体思想者的思想。它的目的是破坏观察者和理论者自持的思想，破坏他们对自己思考的信心，破坏他们自我判断的能力。正如我们所看到的，它引出了克里克的真空，在克里克的真空中，人们认为意识已经完全消失了。

当然，这种扫除在标题页上看起来很不错。但是，当理性主义者们需要注意他们自己的感想、他们的观点、他们的信念、他们的怀疑、他们的意识范围、他们与他人的关系、他们的经验和他们的内心生活时，就会产生越来越尴尬的后果。然后这些严肃的物理学家必须声称，这些他们确实在使用的种种意识并不存在。"我本人，"克里克说，"像很多科学家一样，相信灵魂是虚幻的，我们称之为头脑的东西只是一种谈论大脑功能的方式。"那么，这个"我本人"到底是指谁呢？我们是否要像克里克一样，将意识称之为幻觉？或者任何情况下都拒绝讨论它们，因为它们是通俗的日常事物，我们就不应该再提这些被排除在科学之外的东西了吗？但是，由于都是庸庸碌碌的俗人，所以我们需要一直谈论通俗日常的事物，即使在研究科学的时候，不去讨论它们也是非常不方便的。正如梅洛·庞蒂解释说：

> 我不能把自己视为这个世界的一小点，或仅仅是生物学、心理学或社会学的调查对象。我不能只把自己局限在科学领域。我对世界的所有知识，甚至我的科学知识，都是从我自己的特定观点，或从我接触世界的一些经验中获得的，没有这些经验，科学的符号是没有意义的。整个科学是建立在直接

经验的世界之上的，如果我们想让科学严格地接受它，并对它的意义作出精确的评估，我们必须从重新唤醒世界的基本经验开始，科学只是这个世界的二级表达。

当然，这一需求最引人注目的领域是经验本身，尽管它是主观的，常常由人来描述，正如梅洛-庞蒂（Merleau-Ponty）所说，它包含了科学所依赖的大量可靠的经验证据。因此，兔子的存在最终取决于特定人群的反馈，关于他们亲自看到、感受到、听到、触摸到或品尝到某些兔子的反馈，这些反馈不可避免地包含了与物理语言完全相左的术语。如果自然，也就是真正的宇宙——被简单地理解为物理学所描述的抽象世界的组成，那么，平克对"宇宙的自然主义理解"只能被称为"自然主义"。如果只有物理学中提到的才是真的，那么，物理学家们就可以心安理得地唱出这段古老的韵律：

我是这所大学的硕士

我不知道的便不能称为知识①

---

① 出自《巴利奥尔的化装舞会》，该书由牛津大学巴利奥尔学院几个学生于1880年出版，以四十首四行诗取笑老师、研究员、学者和平民。曾被当局禁止出版。

时间难题

尽管科学家们时常注意不到自己多么忠于此观点，但这种奇怪的观点已经有了显著的影响。时间本身就不是真实存在的，这一现在仍被认为很奇怪的观点，却被包括爱因斯坦在内的很多物理学家所正式接受。蒂姆·莫德林[①]说：

> 一些物理学家非常坚持要说一些关于"时间"的事情，比如说肖恩·卡罗尔非常坚持说时间是真实的。还有人说时间只是一种幻觉，时间没有方向等等。我自己认为所有导致人们说这种事情的原因没有什么价值，**人们只是被误导了，主要是因为他们把用来描述现实的数学误认为是现实本身**。如果你认为数学对象不在时间中，数学对象不会改变——这是完全正确的。经常用数学对象来描述世界，就很容易陷入这样一种想法：世界本身不会改变，因为你不会改变描述它的方式。

---

① 蒂姆·莫德林是美国科学家和哲学家，他在物理学和逻辑学的形而上学基础上做了有影响力的工作。

简而言之，你开始相信你自己的宣传。你忘记了实际上有一个超越你所研究的抽象、永恒数学主题之上的世界。你轻易地忘记了所有这些，因为许多物理学的基本理论实际上与时间和变化无关。它们只是从时间和变化中抽象出来的。因此，研究这些问题的物理学家可以继续研究下去，好像他们真的处在一个静止不变的世界。当他们这样做时，他们的左脑总为他们的狭隘鼓掌喝彩，他们痛恨被人提醒还有更广阔世界的存在。然后，他们可以向他们的守护神毕达哥拉斯烧香，毕达哥拉斯最初提出了"一切都是数字"的想法，而他从来没有说过，"好吧，当然，你看，只有在某一方面上……"

认为时间是虚幻的学说，就像是一个长期被骷髅包围的解剖学家开始认为骨骼才是唯一真实的，而骨骼周围的柔软组织都是虚假的。但人们发现，由于历史悠久，认为时间是虚幻的幻觉比骨骼故事更具说服力。现代物理学仍然具有一种特殊的权威，这继承自它的前身——很有威望的二元论的唯物部分，它确实清楚地规定所有真实的物质都是没有活力的。

然而，依然有很多问题层出不穷，关于时间不真实性的故事究竟意味着什么。当我们说某个事物不真实的时候，我们总是先说一些它好的方面。我们说它要么是假想的，要么是虚伪的，要么是错误的，要么是幻象、谎言、假象或者幻觉。总之，说来说去，意思都是：它无法与我们周围的真实世界相联系，所以不需要被重视。

　　现在，如果一个物理学家正在研究这个问题时被一个闹钟打断，它告诉他生命中最剧烈变化的时刻已经来临，如果他只是咕哝着回答："哦，幸亏时间不是真实的"，那么，我们可以得出结论：他是在用以上所述的这些方法之一来阐释这个问题本身，我们此时也可以问问他用的是哪一种方法。但是，如果他的反应十分积极，就像人们通常对闹钟的反应一样，那么事情就简单了：他只是自己都不相信自己的观点罢了。

第二十二章 物质与现实

其他灵魂恐惧症：行为主义

因此，在维也纳学派的严格阐释中，物理主义既不能与我们周围通俗世界中任何有道理的信念相结合，又不能与我们自身任何合理的信念相结合。当然，我们知道，人们确实设法将一系列不合适的信念组合在一起，只要没人将它们公然置于我们眼前，我们尚能忍受。但物理学家们确实把这一点公然置于我们面前，因为他们强烈而矛盾地表达了他们的观点。确实，就连"过时"的唯物主义也已经做到了。诸如"除了物质及其运动之外什么都不存在"的观点可不仅仅是为了摆脱上帝。它主要是为了摆脱意识，为了表明任何有效的意识活动反馈——包括我们自己的精神活动——都是虚假的或毫无意义的。这个观点不只是降低了主观性；它完全掩盖了主观性，然后邀请我们进入克里克的真空之中。正如罗宾逊所言：

在这种思考中失去的东西，是自我。是孤独、感知和解释等任何可以称为经验的事物。跨越数十

亿个脑细胞的感知排列可能是命运的扭曲，但事实
是人类生活、语言和文化的中心，任何哲学或认知
科学都不应该回避主观性的存在。[1]

简而言之，主观性不只是一个滥用的术语。它更是
一个关于世界的客观事实。我们每个人都是独自主观思考
的。我们的想象必须努力把我们聚集在一起，充分相信一
个共同的世界，然后我们可以将其看作是主体间的，抑或
是客观的。

当人们在争论中抱怨他们的对手过于主观时，他们
并不是指这个众所周知的分离的主观事实，而是指一些无
关的私人考虑已经介入了话题的讨论。而这里的关键点不
是主观性，而是不相关性。如果讨论的话题是关于兔子
的，并且有人通过提及他上周看到的一只兔子来支持他的
论点，我们可不能为了让他闭嘴就说："这是主观的。这
只是坊间信口流传的民众心理。我们必须得等到同行评审
在期刊发表这一观点。" 除非我们有充分理由不信任发
言人，否则，我们必须接受他所报道的就是客观事实，并
且最终必须予以考虑。

---

[1]　引用自玛丽琳·罗宾逊的《意识的缺席》。

构建真空

那么，如此重要的一个关键人类主题是如何丢失的呢？是因为当时的时代趋势下并没什么谈论它的有效方式。而现在，意识的丢失主要是因为行为主义。正如我很久以前在《我们生活的神话》一书中所抱怨的那样，长期以来，早期启蒙理性主义中关于自我的观点一直存在着严重的缺陷，它认为本质上的自我寓于理性之中：

> 一个独立的意志，由人类智慧引导，与一系列不和谐的感受随意联系在一起，偶然寄宿于同样不和谐的人体中。从外部来看，这个人体是独立的。每个人与其他人的关系都是可选择的，可以根据契约随意安排。它取决于自身利益的计算以及自由意志的选择。

行为主义将这种人类状况的图景正式化，并在一段时间内使其遍布整个社会科学。这是一幅不可思议的画面，但由于它本质上是政治性的，所以这并不意外。它是出于特殊紧急的目的而发明的，比如，公民自由和投票制度。社会契约概念是一个工具，是一把钢丝钳，帮助我们摆脱对国王、教堂和旧习的愚忠。一般来说，这个方案最初就用在适合这些目的的地方。

然而，随着影响力的扩大，社会契约确实被用于其他环境中，伴随着各种可疑的影响。其中最明显的是与性别密切相关的影响。社会契约思想最初只适用于男性，任何将社会契约思维拓展到女性的尝试都引起他们痛苦的愤慨和困惑。每个男人——每个公民———都被设想为一个单位，代表和保卫他的家。毫无疑问，没有人质疑过社会的其他成员也需要为自己发声，更没有人讨论过个体公民了解他人的需求。整个西方思想的核心观点：独立、探究、个人选择，总是基于一个有点浪漫的孤独男性的观点，这并非小事。难怪当时《鲁宾逊漂流记》在大众中如此受欢迎。

正如我所说，社会契约概念这种片面的政治语言，显然没有提供一种现实的方式，来讨论实际困扰人类生活的各种问题。行为主义的自我观点没有表达出我们对自然社交和友好合作的需求，更不用说满足我们不断与他人互动或偶尔反对他们的社交需求。同样重要的，我们还需要不断处理自己和他人的内在冲突。这相当于仲裁员的工作，需要一种完全的理性，这种理性要求我们具备权衡利弊、防患于未然的智慧。

第二十三章　科学主义的神秘性

想象的视野

对意识的忽视与我们之前考虑过的一些重要的事物，即神话、梦、寓言有关，它们歪曲了我们对当代科学的看法。我们对当前的科学研究（实际上我们所知甚少）越来越敬畏，不仅仅是因为它的真正价值，也源于这样一种印象，即这种学习研究是一种宏大的、客观的、不受个人影响的安全的方式，最终也是永恒的真理。尽管我们知道，在过去，有时会发现科学的正统观念也有可能是错误的——例如相骨学，或将放血作为一种医疗手段等。但这些都不影响我们对其现在继承者——科学的尊重，反而加深了我们对现代医学的崇敬——我们认为它纠正了所有这些错误。

就我一直以来的想法而言，现代物理科学承载了一定成分的强烈有效的象征主义。所谓"科学"已经在我们的文化中成功占据了权威地位，这种地位过去是由宗教信条所享有的。人们使用"唯物主义者"这个词，就像其中某些人曾使用"基督徒"这个词作为"理智、正常、理性"的同义词。科学现在是强制性学说的中心内容，不管你理解与否，都必须相信它。它被视为预言家。这样的地位干扰了我们对科学本身细节的思考。科学主义现在要求我们将科学视为我们所有知识的形而上学来源，而不是将其视为真实但有限的物质知识的来源。物理和化学不再在群星中作为双星出现，而是作为超级太阳的一部分，作为知识的最终形式，所有其他形式的思想都只是临时的草图。

一个有趣的观点是，迷信的对象发生了转变。正如我所提到的，科学主义的正统性是以消除宗教、摧毁迷信为荣，因为宗教在当前的理性氛围中是无法生存的。有趣的是，科学主义本身成为了新的迷信，这一变化是如何迅速地随科学的崛起而发展的？让我们来看两个例子。

一个例子是克劳斯教授（Lawrence Maxwell Krauss）[1]声称科学为现实提供了终极的基础，即终极的形而上学。这一说法是否迷信？当然，它并不指任何宗教，但正如字典所阐明的那样，迷信不一定是指宗教，它还可以指一般的无根据的信仰。《牛津英语词典》很恰当地

---

[1]　劳伦斯·克劳斯教授是美国-加拿大理论物理学家和宇宙学家。是亚利桑那州立大学地球与太空探索学院的教授，也是耶鲁大学的前任教授。

解释了这一点，引用了来自物理学家詹姆斯·赫顿的评论："我害怕有许多相信科学的人在没有看到证据的情况下，带着偏见和迷信去相信冷热理论。"

这大概就是克劳斯所设想的，他最喜欢的"形而上学"——物理主义——是由科学提供的。而事实上，正如我们所看到的，它是由长期在欧洲二元主义厨房里酝酿的概念学说发展而来的，并由维也纳学派的哲学家赋予了其最终的形式。

我的另一个例子，我个人认为是更为明显的纯粹迷信。那就是对奇点本身的信仰，即预期在人工智能最终超越人类智慧并接管世界的那一刻发生的假定的转变。相信奇点论的人们认为这不应该仅仅是一个神话故事，而是一个事实的预测，他们确信亚瑟王终有一天会回来，否则世界将在明年四月结束。当然，没有比这些预言更可靠的证据了。

奇点论是在诚实的基础上开始发展的，它本身作为科幻小说的一个主题，是一种受人尊敬的小说类型，从威尔斯（Herbert George Wells）[①]时代起，奇点的设想就被清楚地理解为一种富有想象力的艺术。对于它投射在

---

① 赫伯特·乔治·威尔斯（1866–1946），英国著名科幻小说家，他创作的科幻小说对该领域影响深远，如"时间旅行""外星入侵""反乌托邦"等都是20世纪科幻小说中的主流话题。

现实世界中的间接影响来说，奇点论这个题材是很有价值的。但它绝对不是真正历史领域的竞争对手。我注意到这个人工智能的话题已有一段时间了，这一话题似乎正在越过无害动物园的边界。我想看看发生了什么，就拿起了一本书，叫做《思机器所想》[①]，这本书收集了200篇关于人工智能的短文，这些短文由很多高水准的人所撰写，包括一些杰出的科学家，所以，尽管我认为书名很容易诱导人，但我还是开始翻阅它。

我期盼能从这些东西中找到关于对人工智能的调查，即对那些如今已经被慷慨地赋予各种想象的文学的调查，包括神话和童话。我期待着对人工智能讨论的意义、来源、动机、功能、公众、吸引力进行调查。它可能包含的真理要素、正在被利用的用途，以及它可能造成的损害。我期待所有这些，因为我认为这些调查会非常有用。但我简直错得离谱。与我所期盼的大相径庭，许多专家显然把这个故事的提纲视为事实，只关注细节，尽管有一些怀疑的声音，但大多数人却全盘接受，整个项目中我只发现了一篇真正的抗议，就是丹尼尔·丹尼特

[①]　《思机器所想》（What to Think about Machines That Think），作者：约翰·布罗克曼。

（Daniel Dennett）①的锐利之作——《奇点论，一个都市传说？》。与其他作品相比，这篇作品严肃地接受了质疑人工智能的挑战。

丹尼特问，这些关于人工智能的问题真的很重要吗？由于这些机器将来可能会带来危险，所以我们应该认真地重视它们吗？他回答说：不！

> 我认为，恰恰相反，这些警报分散了我们对一个更紧迫的问题的注意力，一个迫在眉睫的灾难，不需要摩尔定律的任何帮助，也不需要理论上的进一步突破来达到更接近的临界点。经过几个世纪来之不易的对自然的理解，人类现在终于在历史上第一次能够控制我们命运的许多方面，即放弃对人工智能的控制，这种人工智能无法思考，过早地将文明置于自动驾驶仪之上。这个过程是阴险的，因为它对每一步都有良好的感测，会提供你无法拒绝的提议……对门外汉来说，人工智能意味着通过图灵测试，像人类一样……但是公众会继续想象，任何能做到这一点的黑匣子（不管最新的人工智能成就

---

① 丹尼尔·丹尼特是美国哲学家、作家、认知科学家。

如何）都必须是一个像人类一样的智能体，而实际上，黑匣子里的东西是一种奇怪的被截断的二维结构，通过其所有的，如分散注意力、忧虑、情感承诺、记忆、忠诚等维持人类思想的消耗方式来获取能量。**它根本不是一个类人机器人，而是一个无脑的奴隶，正如一个自动驾驶仪的最新进展。**

简言之，这场争论比浪费时间更糟糕。这是一种破坏性的自我欺骗。现在人类真正需要的是敏锐的注意力——人类的头脑坚决将他们痛苦的努力引向一系列最困难的问题，以此来渗透和转移一种危险的当代妄想。

所有这些新的、昂贵的电子产品的细节猜测，好像它们可以从人类的手中接管重塑文明的工作一样，这一切只是在分散人的注意力而已。

值得注意的是，丹尼特的抗议似乎是《思机器所想》这本书中唯一一个尝试关注我们星球的真正未来前景的作品，当然，除了他们痴迷的人工智能的发展之外。他们毫不关心可能会决定地球未来的因素———气候、地质、经济、社会政治或其他。这些因素进行得完全顺利，才能使他们的事业成为可能。然而，唯一让他们感到困扰、需要谨慎考虑的，却是非常遥远的事情，即时间、空间殖民的必要性，仅仅为了避免陷入太阳和宇宙其他地方遥远的未来活动。

我认为阐明这种普遍观点的最好方法，是引用一位杰出的贡献者的观点，而他除了极其优秀之外和别人没什么不同：

生物智能（Organic Intelligence）没有长远的未来

马丁·里斯（Martin Rees）[1]

……人们只关注旅行的速度，却不重视旅途的方向。几乎没有人想过**机器会拥有更多超越人类的独特能力，或通过电子人技术来增强这些能力**。从长期进化的角度来看，人类和他们所认为的一切，只是暂时和原始的，更深思考的前兆是机器主导的文明延伸到未来，传播到我们的地球之外……不难想象一个超级计算机拥有神谕般的能力，**能够掌握其在国际金融和战略中的控制权**，这似乎只是一个定量步骤（非定性），超越了如今"定量"对冲基金的运作。但是一旦机器人像我们一样熟练地观察和解释他们的环境，他们将**真正被人类视为可以与**

---

① 马丁·里斯，英国皇家学会前主席、剑桥大学宇宙与天体物理学名誉教授、三一学院研究员。

之联系的智能生物——至少在某些方面，就像我们与他人相联系一样……但是，如果一个超级计算机发展出它自己的思维意识呢？如果它能渗透到互联网上，它就能操纵世界其他任何领域。它可能产生与人类愿望完全不同的目标——或者甚至可能把人类当作累赘。或者（更乐观地说）人类可以通过与计算机融合超越生物学的极限，也许会将他们的人类特征融入到一个共同的意识中……

那么，后人类时代又如何呢？它将领先延伸数十亿年吗？……量子计算机的进一步发展潜力可能与单细胞生物向人类进化一样巨大。因此，根据任何思维的定义，人类类型的大脑（及其强度）所做的工作将被人工智能的大脑所淹没……行星际空间和星际空间将成为最广阔的生产空间，机器人制造者将在这里制造出远超出我们想象视野的非生物大脑，就像弦理论之于老鼠一样令人费解……

因此，最能完全理解世界的不是人类的思想，而是机器的思想。自主机器的行为将极大地改变世界，也许还将改变世界之外的一切。

这段摘录足以表明我说过的新迷信正在臆想产生进

而取代旧的宗教迷信。在这里，没有任何经验证据，也没有任何道德背景，一个纯粹的可计算的天堂已经被随意地创造出来——一个拥有自己"公民"的"新神"的天堂，这些"新神"显然是可以被信任的，尽管我们对它们的思想和愿望一无所知。也就是说，它们要在整个宇宙中进行我们（或我们中的一些人）如今非常羡慕的一种智能活动，并使这些活动取得巨大成功。事实上，可以相信它们将和人类一样，只不过比人类更聪明，更成功。

这一切也许只是一种无害的吹嘘，而不是严肃的科学。但如果真是如此，人们更需要清楚地知晓一切可能面临的问题。理查德·道金斯（Richard Dawkins）①在《自私基因》的序言中暗示，他的读者应该简单地把这本书当作一个令人兴奋的神秘故事来欣赏，因为他已经模糊了这一预言的重要的界限。他试图吞掉"小说蛋糕"，并让它产生额外的情节，而不承认这本书确实包含了大量的幻想。也许事实上并不是所有的预言都是真实的，但是，如果没有这个解释，我们现在考虑的预言自然会被视为寓言或传说，而非科学。

人工智能的预言之所以会被这样对待，不仅因为它

---

① 理查德·道金斯，英国著名演化生物学家、动物行为家和科普作家，当今世界最著名、最直言不讳的无神论者和演化论拥护者之一。

们缺乏证据支持，而且因为其支持者自己都明显不相信自己传达的信息。如果相信的话，他们现在肯定不会写书，而是忙于疯狂的活动，试图为威胁到他们的、令人担忧的未来的变化做好适当的准备。毕竟，这场剧烈的革命不仅仅是在解析遥远的将来会发生的事情，而是被预计很快就会发生；的确，奇点论的当代领军者雷·库兹韦尔已经将2045年定为一个合理的日期。这个日期大概就是机器在人类事务中已经超越了其目前的咨询作用，可以开始接管（如马丁·里斯所说）"掌控国际金融战略"的日子了。而且，由于这种"统治"肯定包括开办大学和类似的知识机构，而这些机构是人工智能专家自己主要工作的地方，因此，他们应该希望自己的就业状况很快会发生显著的变化。

里斯确实试图通过说明这种机器会给它的控制者带来政治上的优势来糖衣化这个预言，但，是什么让他作此幻想的呢？谁是控制者？他解释说，这些机器人将是智能的人，人类的社会对它们来说是平等的，人类可以像对待其他人那样与它们相互联系。这意味着人类可以不同意它们的意见，并且可以期望这些分歧得到解决，就像人类同事之间的分歧一样，通过争论或通过人格的力量来解决。里斯问，如果其中一个机器人"发展出了自己的思

维"将会发生什么？这似乎是一个不太可能的假设。但
是，既然它们应该比人类更聪明，并且一直在变得更加聪
明，那么，这似乎也没有什么不可能，在争论中机器人总
会获胜也是同理。

简言之，里斯所描绘的超智能、无头脑、超温顺的
仆人的形象是不合理的。这就像有钱的登山者会犯的错误
一样，他们雄心勃勃地"征服"珠穆朗玛峰，他们以为会
得到那些常年攀爬珠峰的夏尔巴人（那些未被新闻报道过
的、只把帮助攀爬珠峰作为他们工作一部分的人）的帮
助。他们以为夏尔巴人没有自己的思想，总是接受他们的
命令。

因此，这是调查者必须指出的许多问题中的一个。
遗憾的是，这整个故事不仅是科幻小说，而且是糟糕的科
幻小说。一个好的科幻作家（如艾萨克·阿西莫夫，他非
常关注这些问题）一定会事先看到这些冲突的逻辑，他会
在情节中看到这些冲突并且能在完成叙述之前把它们整理
出来。然而，要做到这一点，他必须对所讲的整个故事的
结构作出巨大的改变。既不可能使这些新机器变得越来越
聪明，也不可能保持人类作为地球主人和进化顶峰的惯常
的安全地位。

里斯确实提到了解决这一问题的办法，这是一个值

得称赞的雄心勃勃的办法。但不幸的是，这一办法非常难以理解。它是"人类通过与计算机融合超越生物学，将他们的人类特性融入到一种'共有意识'中去。"要理解这一点，你必须要先想象得出来，要对它的实际工作原理有一个合乎逻辑的描述。这个合并的生物（打个比方）会说话吗？或者它有键盘吗？在合并的过程中，半计算机化的人类会是什么样子？

很明显，我们应该能够吞下这个想法（再一次）并接受它，通过这样改变我们自己；我们应该能够获得智能机器人的计算能力（智慧），而不必付出改变我们自身本性的代价。这一转变不仅是为了解决我们目前的问题，而且是为了使我们（或我们的继任者）能够在未来取得更大的智力成就。

然而，为什么会有人期望通过这些附加的计算能力产生影响呢？现在人类生活的困扰，主要不是源于缺乏智能，而是源于普通人类的贪婪、偏见、愚蠢、卑鄙、无知、脾气暴躁、缺乏常识、缺乏兴趣、缺乏公众情感、缺乏团队合作、缺乏经历、缺乏良心，也许最重要的是思想的普遍缺乏。在我们寻找这种想象中的额外智慧的过程中，我们（如丹尼特指出的）希望雇用无头脑的奴隶，这些奴隶只会做我们告诉他们的事，从不提任何与他们任务无关的话题；这意味着，正如巴特勒所指出的（见第十九章），在培养他们的过程中，我们通过关注这些工具的工作，而不是直接使用我们人类自己的力量，来解决威胁我们人类的问题，继而扭曲了自己的本性。诸如人类长期以来形成的思想狭隘的问题，以及至少与之相当的气候变暖的问题。

第二十四章 奇怪的世界图景

心中所想

我现在从上述这些相当奇妙的领域回来，解释一下我的中心观点：是什么缘由让我写了这本小书？

我写作的缘由通常是因为恼火。而这一次，是对整个简化的、科学的、机械的、充满幻想的信条的恼火，这些信条仍然不断扭曲我们这个时代的世界观。尽管在上个世纪经常受到质疑，但这种信条仍然有"现代化"展望的美称。它仍然受到如此多的推崇，以至于一些新的思想观点只要被尊为最新的学说就能被证明是正当的。科学主义被认为是唯一可行的替代方案，是一种理所当然的、不加思考的、正统道德宗教的替代品。因此，在一个快速和持续变化的时代，我们的官方信条仍然围绕着一个圈圈在转，一个用来回应维多利亚时代晚期前辈们提出的假设观点的圈子。

当然，很多人都抱怨过这一点。其中最值得注意的是，2012年，汤姆·纳格尔以他一贯的清晰风格出版了一本小书《头脑和宇宙：为何唯物主义与新达尔文主义下的自然概念几乎肯定是错的？》，那本书虽然不算黎明合唱团的第一次发声，但确实是很响亮的一声。为什么那些特别不喜欢被这么早吵醒的睡眠者，把被褥拉起来遮蔽视听？因为它所反映的观念非常全面。它建议宇宙的整个概念应该从根本上扩展到不仅包括生活，还包括思想：

> 物理和生物科学的巨大进步是通过将精神意识排除在物理世界之外而得以实现的……但在某种程度上，有必要从一个更全面的理解（包括精神意识）出发……随着大爆炸理论被广泛接受，宇宙学也成了一门历史科学，思维意识作为生命的一种发展，必须被纳入这个漫长的宇宙学历史的最新阶段，它的出现，我相信，将它的影子投射到整个过程中……我的人生指导信念是：意识不仅仅是一个事后的想法，一个偶然的事件或一个附加的东西，而是自然的基本方面……（这不是出于宗教原因）我并不认为有神论作为一种综合的世界观比唯物主义更加可信……这两个极端对立的终极概念并不能代表所有的可能性。

这个惊人的宽广的视野意味着，再次使用最近被否定的目的概念成为可能：

目的论法则的概念是连贯的，与某些认为目的论的意图是为达目的不择手段的想法不同……尽管目的论被排除在当代科学之外，但它肯定不应被排除在先前的经验之外。

没有人在这之前指出过现代的科学主义观点是如何完全依赖于思维意识不存在的假设——这里的依赖就是指，理论家们假装他们自己没创造出思想。甚至在克里克开始否认我们的存在之前，他们就已经竭尽全力避免提及关于人类主观性最明显的真相。这种坚决无视灵魂的思想引发了一系列的问题，其中一些就是我之前在这本书中试图探讨的。

内心世界是真实的

我最想研究的历史领域是这个问题的想象方面。我想看看神话、寓言、图像、幻想、梦想和精心构建的世界图景，通过这些图景，这种科学观被建立起来并贩卖给更广泛的公众，通常标签上写着"科学"或"哲学"。长期以来，我一直怀疑这一问题的一个主要原因是我们这个时代日益专业化，教育者越来越倾向于为每个细分领域提供越来越多的独立考试，而不是把事物联系起来加以清晰思考。尤其是认为哲学就像药剂学一样，只是些简单易懂的技巧，只是一个在合格的教师指导下，应用逻辑完成标准课程的习惯。这样的观点绝对是误导。这种方法既违反哲学，又有悖于科学。

当然，这种官方的教义并不是哲学的必要组成部分，许多过去的伟大哲学家———伊壁鸠鲁、霍布斯、休谟，甚至连这些官方设定的课程都没上过，更别提听从于他们的老师。他们主要想依靠自己的能力，将所见的分崩离析的生活碎片整合到一起，将缠夹不清的问题中纠结扭曲的危险部分理顺。他们看到了扭曲的部分，发现人类思想乃至人类生活都在预料之内随之扭曲了。他们从眼前最迫切需要解决的问题中退缩，但在追问如何理顺整个大背景来纠正这些扭曲。

这常常涉及到问一些意想不到的重大问题，而这些问题并不容易得出答案。这就是为什么在这本书中，我总是回到一个悖论中。一方面，我想强调的是，实际上只存在一个世界，但另一方面，这个世界是如此复杂，如此多样化，我们需要几十种不同的思维方式去理解它。我们不能将所有这些思维方式简化为任何一种单独模式。相反，我们必须使用所有的哲学工具将这些截然不同的思想整合在一起。其中大多数思想都有它们自己的用途，其中的一些可以经常一起使用。正如吉卜林（Kipling）[①]所释：

> 有六十九种方法
>
> 建造部落地基
>
> 每一种都是对的。

可能会使我们困惑的问题有许多，例如科学、历史、实践、诗意、道德、社会、逻辑、政治或宗教问题。它们都必须以各自适当的术语进行讨论。但我们也必须找到它们之间的联系。而当今学术界的清一色专业化使这看起来几乎是不可能的。

因此，我们主要的哲学需求不是像许多热心的争论者所想的那样，设计并挑起他们之间的冲突，最终解决冲突。这的确算是一种撮合两个阵营的方法。正如黑格尔提出的，我们应该不断地寻找将论文的精华与其相反议题结合起来的方法，做出一种新的结合。

---

① 吉卜林，英国小说家、诗人。

然而，在努力做到这一点的过程中，我们左右为难，我们既渴望达成共识、团结一致，又对一些相关想法深恶痛绝。因此，我们努力将这些想法排除在最终协议之外。这是冲突，是我们基本态度上的分歧，哲学上的争论一直在加剧，如今这些分歧仍然不断地使我们越来越疏远。

内部与外部

为了阐明这一总体目标，我不断地回顾这些结合议题中两个特别明确的例子——精神健康的含义，尤其是精神疾病和自由意志。精神疾病显然有两个相互依赖的方面——客观医学角度和患者自己的想法。我们试图公正地平衡两者，这很难，既由于个别的细则，也由于我们对更宽泛面的科学与人性持有普遍的偏见或反对态度。

将这两个方面放在一起，就像在水族馆透过两扇分开的窗户观察同一个场景一样，可以看到不同的景观。再打个比方，这就像我们学习地图册首页时所使用的技巧，尝试将同一片地域上物理的、政治的和气压的不同图表都整合在一起。进行这类比照，不仅需要一种谨慎的精神观察，更需要一种协调于双方的理解。正如我所说，这很难，这是一种独特的哲学领域。它常要求我们对事实和所涉及的各种思想学说背景进行严肃的思考。

20世纪，精神疾病研究方面确实取得了一些真正的进展，因为人们越来越意识到这些问题，也越来越愿意去解决。然而，同样的情况却没有发生在我的另一个例子——自由意志问题上。我们选择作为演员和观众，以两种截然不同的视角审视正在发生的事情。但在我们的传统思维中，理论家们没有意识到这些，反而更倾向于简单地将客观的因素完全忽略，一概而论为主观的东西。因此，如今一些讲科学的人往往只跟随他们的左脑，宣告将唯物主义作为正统思想，认为人的选择仅仅是物质世界中的一个表面事件，不受思想的影响，因为他们认为思想完全是由脑细胞的活动形成的。

然而，理论和实践之间存在着一个奇怪的鸿沟。下一次，这些科学主义者必须自己做出选择——例如，即使是在写文章时找到合适的词语这样一个小选择——他们并不像他们的理论所要求的那样，坐下来等待脑细胞开始活动为他们做出决定（我们有此类尝试，但我们知道这是徒劳）。相反，和我们其他人一样，唯物主义者也必须用意识处理他们正在做的客观事情。

例如，杰出的行为学家先知斯金纳（B.F.Skinner）[1]
必须非常认真地思考，才能为他那些令人难以置信的学说
提供巧妙的辩护。没有一个有心人的帮助，只靠脑细胞是
不可能为他做到这一点的。事实上，唯物主义者和其他任
何人一样，都需要思考，最终决定他们写作内容的，是他
们的思想。

不存在惰性物质

因此，思想和物质是同样有效的，这意味着我们现
在应该对这两个准要素的关系认真地改观。而且，我们必
须更进一步探询为什么必须先把世界分为两个准要素。
当然，这不是关于区分我们内外观点的问题，这是一个
真实的分歧。而不真实的部分则是讨论这两者何为传统学
说，特别是物质作为死的、惰性物体，由一些不相连的小
颗粒构成的概念。

这就是赫胥黎和他的继任者们今天谈论意识难题时
所看到的景象，他们对物质能够产生意识持怀疑态度。就
在不久前，亨利·马什，一位非常敏感和老练的外科医
生，在面对这惊人事实的苦恼时写道：从没有人想要去解

---

① 伯尔赫斯·弗雷德里克·斯金纳是一位美国心理学家、行为学家、作
家、发明家、社会学者及新行为主义的主要代表。

释，仅凭野蛮的物质就能引起意识与感知吗？[①]

然而，是什么迫使我们以这种方式将物质看作是"野蛮的"呢？如果我们接受进化论的这一事实，我们就知道，正是这"物质"引出了整个生物世界——自从地球的环境条件使物质成为可能时，自从一系列微妙的阶段带领物质跨越了许多令人惊讶的鸿沟之后——甚至包括有关生命起源本身的鸿沟，物质就开始这样做了。这段历史表明，从一开始，"物质"就具有形成所有这些高度多样和复杂事物的潜力。因此，它不可能是二元论中所谓惰性的、不活跃的、中性的东西。

当然，自18世纪以来，在真正的科学理论中，没有人相信这种惰性的、中性的、二元论的物质。电的发现破坏了它最初的可信度。自那次发现以来，我们一直在不断地学习分子的自发活动，及它们合作的活性部分在生命的发展中所发挥的作用。这确实是当今生物学的一个主要职责。因此，从今天的科学观点来看，我们现在并没有生活在一个惰性、无助、静止、原子化、死亡、分裂的世界，而生活在一个连贯、连续、活跃的世界，能够通过自

---

① 引自安德鲁·所罗门（Andrew Solomon）写的《关于医学的文献或许能拯救我们》（Literature about Medicine May Be all that Can Sare Us）。

身器官组织产生新的活动。因此，教条唯物主义在一段时间内是科学思维的西方人的强制性正统观念，现在它已经失去了意义。

愿望的达成

然而不幸的是，即使没有任何意义，这种教条唯物主义仍然困扰着我们，因为它是神话般的二元论世界观的一部分。而且，正如我们所看到的，这种基于神话的观点是强大的。它们不容易屈服于时间和真相。事实上，作为这个时代情绪的一部分，它们并不会因为经常被揭穿而死去，而会随着社会情绪和愿望的变化，在我们体内不断方生方死，方死方生。

因此，在过去两个世纪里，西方人将对上帝的信任转变为对机器主导未来的信任，实际上并没有产生任何论证力量。

这是一种自我推动的情绪转变，在这种情绪转变中，争论只起到了表面的作用。包括奇点在内的神话，目前集中于外太空殖民，这些并不是从事实中衍生出来的；它是一种自发的愿望表达。值得注意的是其转变的速度，新机器意象不断迅速涌现以取代失去的东西。例如，登月计划立刻被抓住并被引用为人类最高的成就，成为指向所有未来目标的指针，就好像智人所做的其他一切相对来说都是微不足道的。赤裸裸的事实是，这些成就并没有什么意义，只是冷战时期一些没用的举动，从未损害过它们作为当代新版本天堂的地位。在任何这种粗俗的实际支持下，科幻小说作家在火箭制造大亨的支持下，继续为他们提供未来无限荣耀的神话。

这就是使科学主义看起来似乎可信的机械论背景。这是一种将物理科学提升为人类最高智力活动的神话般的方式。人们对科学至高无上的信念超过了其他所有的思维方式。这种信念被视为确定世界实际上完全是由一种叫作物质的东西组成的，人们却不认为这个信念本身仅仅是盲目信仰唯物主义的结果。正如我们所看到的，物质本身的概念是模糊的，唯物主义的主要观点正是它的破坏性所在，即不以意识或灵魂来思考。

因此，如果要用克里克的话来总结就是，我们自身并不存在——仅仅是想象的——或者（如果我们发现这很难理解的话）完全避免谈论主观性，将主观性翻译成关于大脑或其他物质客观存在的讨论。然而，这种简化的方法导致我们的思想如此扭曲。所有自然的交流方式都是如此的扭曲，以至于思想并不能真正繁荣。

经过审慎的思考，人们逐渐意识到，内在的、主观的思想意识与外在的客观存在一样，都是自然的，是人类思想所必需的。这两者缺少任何一方都不能孤立地存在。正如我之前指出的，你不能脱离内部而只把茶壶的外部看作是一个整体。试图将它们分开——拒绝我们与周围世界所有最直接的联系方式，是反常的，不可行的。正如玛丽琳·罗宾逊所说，日常生活中长期的思想缺失真的不是一个合理的状态。所以，既然我们发现自己是这个世界的客观存在，我们最好接受这一客观事实，并充分利用它。但是，这样做最好的哲学方法是什么呢？

结语　一个世界，多扇窗口

行为主义的斗争

在这本书的开篇，我问了一个关于理性思考目的性的问题。那时，我询问了我们所做的努力究竟是为了什么。同时，我提到的一些专业的哲学家告诉我们，应该从学习过去20年已经取得的研究成果开始。但是，正如一直关注这一领域的人所知道的那样，专业的哲学家更有可能将这20年消耗在继续讨论上一个20年所取得的成果的争论上，接着又倒回去——当然，他们可能也偶尔专注于现在的研究。我们必须得寻找一个新的开始——去寻找当下真正困扰我们思想的问题。因此，正如我当时所建议的那样，我们应当寻找活跃于当下的主流思潮，去发现这其中是否有一些矛盾，或者去探究是否有我们的意识未曾考虑到的地方，之后，试着将这些想法融合在一起。

如果想要理解为何我们必须这样做，而且为何总是很难做到这一问题，我认为，关注那些让我一开始就无法自拔的文学戏剧里的哲学场景是很有价值的。在1950

年，两大主流流行思潮是行为主义和存在主义。行为主义，作为科学主义的一大分支，并不是一种教条，但它确实被归为一种规则。用官方语言来讲，它仅仅是心理学或者哲学理论——只有动作行为才是真实的。这意味着，禁止心理学家提到动机、想法、内心世界的背景特点，只研究行为，不应该研究意识，因为，这种理论不具有科学性。动作与行为仅仅只能通过其他动作与行为的刺激才能产生。

通过对社会的研究，这条规则太过于严苛。在很长一段时间，心理学家如果提到"不健康"的话题，例如"企图""感觉"或者"意识"，那么他们很可能会丢掉工作。这样的禁忌持续了一段时间，直到20世纪70年代中期，那时行为主义式微，一些勇敢的"企鹅"（我认为是尼古拉斯·汉弗莱）通过公开发表的文章提出的"意识"潜入了危险的水域中。令大众惊讶的是，这些"企鹅"活了下来，之后"有关意识的问题"被大众所接受并且成为了每天的要事。

在行为主义时期，虽然哲学家没有经过明确的训练，但是，他们对于动机的非专业性理解——通俗且非学术性地涉及内心世界的背景和行为的意义——变得十分有力，并且对他们的著作有了长久的影响。这些主要来自于我所提到的科学背景，它们的道德影响在于人们研究人性的领域不应当被非科学观点和他们自己的观点所影响。它们应当尽可能地遵循"硬核科学"。

对于存在主义而言，行为主义太局限于它所关注的蓄意行为，存在主义认为不仅仅要关注科学领域的研究，还要关注道德价值——自由的重要性，个人选择产生的需求，而不是被习俗和他人的观点所影响。所以存在主义和行为主义有相通点，确信"没有一件事是人类的天性"。这样的否定意味着，停止了将人性本恶作为原谅人们为了自由而犯罪的借口。并且，作为当时正统的马克思主义，用同样的否定阻止了人们为其他罪过开脱——这个时代，单纯为了经济发展的正确性而犯下的罪恶，说明这也是人类的天性使然。

回到人类天性

令我惊讶的是，所有的这些都是过度杀戮的强有力借口。现在我们能很简单地回应这些糟糕的借口，而不需要说一些并不是每个人都认为正确的观点，也就是说，人类没有天性里的动机，没有生来就有的偏向性，他们出生之时就是一张白纸（你不可能长久地观察一个刚出生的孩子却看不出他是一张白纸）。进一步来讲，我发现一件奇怪——准确来说不具有科学性的事情——人类认为自己是一个独立的个体，而不会去和其他明显带有天生行为偏向的动物做比较。

根据我单纯的期望，我写了本名叫《兽与人》的书。其中描述了人类的天性是确实存在的，它与其他动物紧密关联，同时，它是在不会令其他人的道德情感沮丧的模式下形成的。事实上，这意味着，为了融合两种基于不同地位而来的道德观点，一方面对于科学，另一方面对于自由的启迪性的热忱，产生了一个具有现实意义的观点。所以，它试图解决我认为的哲学的主要焦点—— 将两种可信的观点融合在一起，来指引我们的生活。

当然，这样做导致的第一个结果就是迷茫。有如许多猫窜于许多鸽子中间，一切会更加难看，因为，正如罗伯特·阿德雷和德斯蒙德·莫里斯这样的倡导者最近写了本关于动物的书，但人们误认为这本书损坏了他们的名声，同时使得人们彻底拒绝与阿雷德他们的作品相比较。然而直到现在，一些我所说的观点和一些其他人在此时所说的观点，正在被十分缓慢地理解。完全的行为主义者和完全的存在主义者正在消失。正如我们所看见的，他们依然困扰着我们，但是，他们不再通过严苛的纪律强制发声了。

自从那时起，关于这些话题的态度已经变了。许多优秀的动物行为学者，从珍妮·古道尔到大卫·艾登堡，已经告知我们关于动物的继续争论不再必要了。然而这在某些情况下看上去似乎也仍有一定必要，依旧令人奇怪的是，许多人将人类社会之外其余部分的世界看作是可有可无的。事实上，我们对于自然的大致态度已经改变，但是这种改变并不多。依旧有人抱有人类是特殊物种的印象，生生将自己与自然世界——那些被称作是外部环境的部分所隔绝。除了想象的快感，我们确实不用再烦扰所有其他生物。

于是，"环境"变成了一种奢侈，或者可以说像是艺术——一种业余时间的消磨，环境成为只有在下一个预算这样的严重问题得到妥善解决后，人们才会注意到的东西。如果它适合我们（人们有时真会这么想），我们可以随意消耗。当然，这种观点现在并不经常公开发表。出于实际功利的目的，我们文明的方向一直在漂向这样的观点。只是最近——也许只是在过去几年？——有能力改变世界的人，一些有财富和影响力的人，似乎开始注意到这种无所谓的态度不仅不切实际，而且从长远来看，无异于自杀。

自然免费思想

如果我们回顾一下在这个时期占据学术世界的争论，比如在20世纪50年代使我们吃惊的冲突，我们可以看到，首先，冲突双方的军队通常根本不关注自然，其次，他们明确拒绝关注人性。

第一点，值得一提的一个例子是缺水。在拉斯维加斯和许多其他地方，人类正遭受着令人担忧的缺水威胁。但我最近听说一项计划在俄勒冈州和其他地方取得了成功：靠海狸自由建造自己的水坝，提高当地的地下水位（让人大吃一惊）。它们比人类筑坝者所能做的要有效得多。况且它们做这件事的时候肯定不期望得到报酬。

当然，这种方法需要经过一系列的测试之后才能被广泛接受，在这种情况下，大自然似乎已经至少完成了机器的工作。这种延迟是必要的，因为我不断解释，我们的行为不是由证据来决定的，而是由我们的图像来决定的，即我们的世界图景，我们成长过程中接受的神话。事实上，正如维特根斯坦（Wittgenstein）①所说："图片把我们俘虏了！"在我们这个时代，每一个神话的中心，每一个意象都依赖于这个万能的装置——机器。

---

① 20世纪著名作家、哲学家，分析哲学创始人之一 。

　　这就是为什么即使是那些真正担心人类前景的人，也往往不专注于思考我们如何才能更理智地行事。他们可能更喜欢依靠机器的发展，他们可能希望这种发展集中在奇点上。当然，这是可以理解的。试图改变人类的行为，众所周知，是非常艰苦的工作，需要集中精力和对人性的真正理解。我们的精神柜子里仍然存放了过多的行为主义，它们使这种理解成为一种不可能实现的野心。

　　然而，实际发生在我们身上的事情肯定仍将由人类的选择决定，即使是最令人钦佩的机器也无法比本该编程它们的人类作出更好的选择。所以，我们最好依靠自己的头脑，而不是等待"物质"来完成这项工作。

　　如果这是对的，我认为那些开篇中提到的其他东西——也就是哲学推理，现在会变得相当重要。我们需要考虑如何最好地思考这些新兴的棘手的问题，如何想象它们，如何形象化它们，如何将它们融入能使人信服的图片世界中。如果我们不为自己这样做，那么也没有谁能为我们这样做。

参考文献

Anderson R, 2012. " What Happened Before the Big Bang? The New Philosophy of Cosmology, The Atlantic, 19 January. [2018-1-4] https //www.theatlantic. com/ technology/archive/2012/0 what-happened-before-the-big-bang-the-new-philosophy-of.osmology/ 251608

Austin Lee E, Kimbriel S, 2015. The Resounding Soul: Reflections on the Metaphysics and Vivacity of the Human Person, Eugene, Cascade Books.

Brockman J, 2015. What to Think About Madines That Think, New York: Harper Perennial.

Brooks M, 2015. 'don't Discard Any Quantum Options, New Scientist, 14 November: 14.

Brooks M, 2016. Thats Odd: Quantum Entanglement Mangles Space and Time, New Scientist. 27 April: 31-2.

Butler S, 2012 [1872]. Erewhon, North Chelmsford, MA: Courier Carroll S, 2016. Opinion Interview: It's Mind-blowing what Our Puny Brains Can Do,

New Scientist, 16 April: 28–9.

Chalmers D, 2015. Why isnt there more progress in philosophy? Philosophy, 90 (1): 3–31.

Conway Morris S, 2003. Lifes Solution: Inevitable Humans in a Lonely Universe, Cambridge: Cambridge University Press.

Crick F, 1994. The Astonishing Hypothesis, New York: Touchstone.

Dawkins R, 2016. The Selfish Gene: # 0th Anniversary Edition, Oxford: Oxford University Press.

Douglas K, 2015. Can Our Knowledge of Biology Help Us Avoid Another Financial Meltdown? Slime–mould Economics. New Scientist.

Dummett M, 1978. Truth and Other Enigmas, London: Duckworth.

Good I.J, 1965. Speculations concerning the first ultraintelligent machine, Advances in Computers, 6, 31–88.

Huxley D H, 1869. The Elements of Physiology and Hygiene: A Text – Book for Educational Institutions. New York: D Appleton and Company.

Kaczynski, T.J, 2018. Industrial Society and Its

Future, Pub House Books.

Krauss L, 2014. npublished talk at Where the Light Gets In festival, Hay-on-wye, May.

Kurzweil R, 2005. The Singularity Is Near, New York: Viking Mcginn, C (1999), The Mysterious Flame, New York, Basic Books.

Mcginn C, 2002. The Making of a Philosopher, New York: Harper Collins Publishers Inc

Midgley M, 2002. Beast and Man: The Roots of Human Nature, London Routledge.

Midgley M, 2004. The Myths We Live By, London: Routledge.

Mill J.S, 2010. Utilitarianism, Liberty and Representative Government, edited by G. Williams, London: Everymans Library.

Mill J.S, 1936 [1859]. On Liberty, in Utilitarianism, Liberty and Representative Government, London: Dent and Dutton.

Monod J, 1971. Chance and Necessity: An Essay on the National Philosophy of Modern Biology, Glasgow: A.A. Knopf.

Moravec H, 1993. The Age of Robots. [2018-1-

18〕http //www.frc. ri. cmu. edu-hpm / project archive / general articles / 1993 / Robot93 html.

Murdoch I, 1971. The Sovereignty of Good, New York: Schocken Books.

Nagel T, 2012. Mind and Cosmos: Why the Materialist Neo-darwinian Conception of Nature Is Almost Certainly False, Oxford: Oxford University Press.

Noble D, 2017. Dance to the Tune of Life: Biological Relativit Cambridge: Cambridge University Press.

Pinker S, 2015. " Thinking does not imply subjugating, Edge. 〔2018-1-18〕https //philosophynow. org/issues/109/when_paths_diverge.

Pope A, 1847. The Works of Alexander Pope, Esg, London: Longma Brown and Co Robinson, M. (2010). Absence of Mind: The Dispelling of Inwardness from the Modern Myth of the Self, New Haven, CT: Yale University Press.

Rousseau J. -J, 1987. The Basic Political Writings, Indianapolis, IN Hackett Publishing Company.

Searle J, 1981. ' Minds, Brains and Programs, in D.R. Hofstadter and D Dennett (eds), The Minds 1, 353- 72, Brighton: Harvester Press.

Solomon A, 2016. Literature About Medicine May Be All That Can Save Us, Guardian Review, 22 April: 3.

Tallis R, 2016. " The " P " word, Philosophy Now, 113: 52-3.

Thornton R, 1847. The Age of Machinery, The Primitive Expounder, 4 (12 August): 281.

Turing A, 1950. Computing machinery and intelligence, Mind, 49 433-60.

Turing A, 1996. Intelligent machinery, a heretical theory, Philosophica Mathematica, 3 (4): 256-60.

Vinge V, 1983. First Word, Omni, January: 10.

Weisberg J. (N.d.) " The Hard Problem of Consciousness, Internet Encyclopedia of Philosophy [2018-1-24] http: //www.iep. utm.edu/ hard-con /.

Wilson E.O, 1975. Sociobiology, Cambridge, MA: Harvard University Press.

Wolpert L, 1992. The Unnatural Nature of Science, London: Faber and Faber.

Xenopoulos J, 2015. When paths diverge, Philosophy Now, 109 [2018-1-17] https //philosophynow.org/ issues/109/when_paths Diverge